Tom Kurt

Ist Nächstenliebe ökologisch?

Tom Kurt

Ist Nächstenliebe ökologisch?

Das Liebesgebot in einem globalen Kontext

Fromm Verlag

Impressum/Imprint (nur für Deutschland/ only for Germany)
Bibliografische Information der Deutschen Nationalbibliothek: Die Deutsche Nationalbibliothek verzeichnet diese Publikation in der Deutschen Nationalbibliografie; detaillierte bibliografische Daten sind im Internet über http://dnb.d-nb.de abrufbar.

Coverbild: www.ingimage.com

Contact:
International Book Market Service Ltd., 17 Rue Meldrum, Beau Bassin, 1713-01 Mauritius
Website: www.bookmarketservice.com
Email: info@bookmarketservice.com

Gedruckt in: USA, UK, Deutschland. Dieses Buch wurde nicht in Mauritius produziert.

Imprint (only for USA, GB)
Bibliographic information published by the Deutsche Nationalbibliothek: The Deutsche Nationalbibliothek lists this publication in the Deutsche Nationalbibliografie; detailed bibliographic data are available in the Internet at http://dnb.d-nb.de.

Cover image: www.ingimage.com

Contact:
International Book Market Service Ltd., 17 Rue Meldrum, Beau Bassin, 1713-01 Mauritius
Website: www.bookmarketservice.com
Email: info@bookmarketservice.com

Printed in: U.S.A., U.K., Germany. This book was not produced in Mauritius.

ISBN: 978-3-8416-0221-3

INHALTSVERZEICHNIS

1 EINLEITENDE ÜBERLEGUNGEN

1.1 Vorwort

1.1.1 Persönlicher Hintergrund

Während meiner Jugendzeit bin ich durch meine Mutter, eine Hauswirtschaftslehrerin, immer wieder mit den Themen Umwelt und Umweltschutz konfrontiert worden. Wir hatten Zeitschriften von WWF und Greenpeace abonniert, welche über die laufenden Umweltvergehen der grossen Wirtschafts- und Staatskonzerne berichteten. Ich kann mich gut an die eindrücklichen Reportagen erinnern, welche dramatische Bilder von durch Tagbau verunstalteten Landschaften und verschmutzten Flüssen zeigten. Während meiner Berufsausbildung und Militärdienstzeit verlor ich dann aber allmählich das Interesse an der Umweltfrage. Andere Themen, welche mir dringender erschienen, forderten nun meine ganze Aufmerksamkeit. Nach meiner Bekehrung im Sommer 1996 reiste ich nach England und besuchte dort eine Jüngerschaftsschule. Im Unterricht betrachteten wir Themen, welche sich mit den Grundlagen des christlichen Glaubens auseinander setzten. Hier begegnete ich nach langer Zeit wieder dem Thema Umweltschutz. In Lektionen mit dem Titel *How green is your Gosple* (wie grün ist dein Evangelium) dozierte der Referent Chris Seaton über die Verantwortung der Christen gegenüber der Schöpfung. Die Thematik fesselte mich erneut und ich beschloss, mich wieder vermehrt mit Umweltfragen auseinander zu setzen.

Ebenfalls in unvergesslicher Erinnerung ist mir meine erste Begegnung mit dem Doppelgebot der Liebe (Mt 22,37-40), mit welchem wir ethische Fragen zu klären versuchten. Die Schlichtheit der Antwort Christi auf die Frage des Gesetzeslehrers in V 36 beeindruckte mich nachhaltig. Seither, insbesondere während dem 2002 begonnenen Theologiestudium, ist mir das Doppelgebot regelmässig begegnet und hat mich immer wieder neu fasziniert. Diese langanhaltende, inzwischen über 11-jährige Faszination motivierte mich, meine *DA* (Diplomarbeit) dem Doppelgebot zu widmen.

Für mein Studium mit Hauptfach *Praktische Theologie* benötige ich für den praktischen Teil der DA ein Thema in welchem das Doppelgebot zur Anwendung kommt.

Während den letzten paar Jahren wird fast täglich in den Medien in irgendeiner Form über die Umweltfrage, sei es in Verbindung mit der Liberalisierung des Strommarktes, dem durch Blei verseuchten Boden der Scheibenstände der Schützenvereine, des zu hohen CO^2 Ausstosses, etc. berichtet. Diese gesellschaftlichen Dauerbrenner sind in der von mir in dieser Arbeit avisierten Zielgruppe, den freikirchlichen Christen, kaum ein Thema. Ich kann mich nicht erinnern, jemals in einer

Predigt etwas über ein Umweltthema gehört zu haben. Auch während dem Studium bei IGW (Institut für Gemeindebau und Weltmission) sind mir diese Themen nie begegnet[1].

1.1.2 Ein Stimmungsbild des deutschsprachigen Christentums

Im Gegensatz zur englischsprachigen[2] wird im deutschsprachigen Raum das Thema Umweltschutz oder Schöpfung erst seit kurzer Zeit und immer noch spärlich behandelt. So sind mir z. B. im *Ideaspektrum* (eine christliche Wochenzeitschrift) während den letzten drei Jahren lediglich sieben Ausgaben aufgefallen, welche (ab 2007) explizit oder implizit in Artikeln[3] auf dieses Thema Bezug nehmen. Der Kontrast gegenüber den säkularen Medien, welche die Umweltfrage seit mehreren Jahren als Dauerbrenner behandeln, könnte nicht grösser sein!

Marc Jost, EGW Pastor in Thun und EVP Politiker im Grossrat des Berner Kantonsparlaments, scheint mir mit folgender Aussage das Stimmungsbild zumindest unter den deutschsprachigen Evangelikalen treffend zu zeichnen[4]:

> „Immer wieder kommt es zur Grundsatzdebatte: Macht es wirklich Sinn, sich als Christ öffentlich zu engagieren, sich für die Gesellschaft und auch die Natur einzusetzen? Sollten wir unsere Kräfte nicht besser bündeln und voll auf die Evangelisation fokussieren? Solche Fragen bewegen lokale Kirchen, Sektionen der Evangelischen Allianz, christliche Ehepaare oder auch den evangelikalen Stammtisch. Wie ist das mit der christlichen Prioritätenliste? Ist es wichtiger, Seelen oder die Umwelt zu retten? In der evangelikalen Szene wird dabei selten die Mission in Frage gestellt als vielmehr die Bemühungen um das allgemeine Wohl“ (Jost 2008:31).

Auch unter den evangelikalen Theologen scheint die Stimmung nicht viel anders. Dies war nicht immer so: Bereits während den 70er und 80er Jahren des 20. Jahrhunderts gab es evangelikale Theologen wie Klaus Bockmühl[5] oder Francis Schaeffer[6], welche zu den Themen Umwelt,

---

[1] Keine mir bekannte freikirchliche, theologische Ausbildungsstätte der Schweiz (Die theologischen Seminare *Beatenberg*, *Bienenberg*, *St. Chrischona*, *IGW* & die *Staatsunabhängige Theologische Hochschule Basel*) bietet Fächer an, welche zum Ziel haben ihre Studenten in Umweltfragen zu sensibilisieren. Auch sind für die kommende Zeit (Stand 31.3.08) keine Seminare diesbezüglich geplant.

[2] Insbesondere bei den sog. *Radical Evangelicals* und der *Befreiungstheologie*.

[3] Idea Spektrum Schweiz, 2007, Nr. 07, 12, 20, 22, 23, 46, 47.

[4] Im universitären und landeskirchlichen Umfeld sieht das anders aus. Es gibt unzählige katholische Hilfswerke wie Caritas, AGEH, CAFOD, Missionsärztliches Institut Würzburg usw. HEKS, Brot für alle und Mission 21 sind bekannte reformierte Hilfswerke. Der ÖRK ist in mehreren Programmen zum Themen Gerechtigkeit und Diakonie aktiv (HIV/Aids, Wasser, Energie, Klimawandel etc.). Alle hier genannten Hilfswerke sind mindestens teilweise in der Entwicklungsarbeit tätig und unterscheiden sich daher von den meisten freikirchlichen Missionswerken

[5] Bockmühl, Klaus 1975. *Umweltschutz-Lebenserhaltung. Vom Umgang mit Gottes Schöpfung.*

[6] Schaeffer, Francis 1973. *Das programmierte Ende. Umweltschutz aus christlicher Sicht.*

Verbrauch und Nachhaltigkeit Schriften publizierten. Im Manila Manifest[7] (1989) werden diese Themen ebenfalls angesprochen. Auf die genannte Literatur, Erklärungen und Manifeste gab es (jedenfalls im deutschsprachigen Raum) unter den Evangelikalen nur äusserst wenig Resonanz. Erst mit der Sensibilisierung der Gesellschaft haben auch die Christen angefangen ihr Umweltverhalten zu verändern. Das Umweltverhalten der evangelikalen Christen gestaltet sich meist im selben Rahmen und mit den gleichen Motiven wie es dies eine Mehrheit der säkularen Gesellschaft tut.

Die *SEA* (Schweizerische Evangelische Allianz) hat nun am 2. Juni 2007 erstmals in einem Klimaforum Stellung genommen und die *AKU* (SEA Arbeitsgemeinschaft Klima, Energie, Umwelt[8]) gegründet, welche sich mit der Umweltfrage weiter auseinandersetzt[9].

1.1.3 Ökologische Entwicklung versus christliche Ethik

Ökologen und Umweltschützer sind sich einig, dass die aktuellen Umweltbemühungen unserer Gesellschaft (und damit auch der Christen) nicht reichen, um den drohenden ökologischen Kollaps abzuwenden. Mathis Wackernagel (ich werde auf seine Prognosen unter Absatz 3 noch detaillierter eingehen) ist der Meinung, dass „selbst wenn wir die moderatesten Prognosen erfüllen, ... die Menschheit 2050 doppelt so viele ökologische Ressourcen verbrauchen [wird], wie unsere Erde zur Verfügung stellt“ (2008:5). Fachleute sind sich einig, dass das Problem des wachsenden Ressourcenverbrauches mit der Weiterentwicklung von Technologien nicht zu lösen ist. Der ökologische Kollaps kann nur abgewendet werden, indem der Mensch seinen Verbrauch einschränkt.

Ich glaube, dass die Selbsteinschränkung ein wesentlicher Aspekt der christlichen Ethik ist und damit einen wichtigen Beitrag im Umgang mit den Ressourcen leisten kann.

1.1.4 Ziel dieser Arbeit

Ziel dieser Arbeit ist es, evangelikal-freikirchliche Christen bezüglich ihres Ressourcenverbrauches zu sensibilisieren und zu motivieren, diesen zu reflektieren und Schritte in einen verantwortungsbewussten Umgang mit Gottes Schöpfung zu unternehmen.

Diese Sensibilisierung versuche ich aus folgenden Gründen auf der theologischen Grundlage des Doppelgebotes der Liebe zu begründen:

---

[7] Manifest des zweiten internationalen Kongresses für Weltevangelisation vom 11. bis 20. Juli 1989 in Manila.

[8] Infos können unter http://www.sea-aku.ch/main.php heruntergeladen werden.

[9] Das nächste Klimaforum findet am 5. Juli 2008 in Burgdorf statt.

1) Das Doppelgebot ist das zentrale Gebot der christlichen Spiritualität und der Brennpunkt deren Ethik[10], denn „an diesen zwei Geboten hängt das ganze Gesetz und die Propheten“ (Mt 22,40).

2) Alle christlichen Traditionen anerkennen die zentrale Bedeutung des Doppelgebotes[11].

Die Zielgruppe dieser DA sind primär die evangelikal-freikirchlichen Christen. Durch die breite Akzeptanz des Doppelgebotes innerhalb der unterschiedlichen christlichen Traditionen erhoffe ich mir zudem, dass auch Menschen im weiteren kirchlichen Umfeld angesprochen und motiviert werden, ihr ökologisches Verhalten zu reflektieren und Schritte in einen verantwortungsbewussten Umgang mit Gottes Schöpfung zu unternehmen.

1.2 Fragestellung und Vorgehensweise

1.2.1 Fragestellung

Die DA baut auf zwei Fragen auf, welche ich in der vorliegenden Arbeit zu beantworten hoffe:

a) Lässt sich aus dem Doppelgebot der Liebe eine Ethik der Selbsteinschränkung ableiten?

b) Wie gestaltet sich eine allfällige Selbsteinschränkung bezüglich des Ressourcenverbrauches in einer globalisierten Welt?

1.2.2 Inhaltlich-strukturelle Vorgehensweise

In einem ersten Schritt untersuche ich in einer knappen Exegese den Text von Mt 22,37-40. In einem zweiten Schritt untersuche ich in einem biblisch-theologischen Teil, inwiefern aus dem Doppelgebot der Liebe eine Ethik der Selbsteinschränkung abgeleitet werden kann. In einem dritten Schritt eruiere ich allfällige Auswirkungen der Globalisierung auf die Definierung des Nächsten. Die gewonnen Erkenntnisse bezüglich der Selbsteinschränkung und der Definition des Nächsten werden in einem vierten Schritt in der Anwendung auf die Energiefrage angewendet. In einem letzten Schritt sollen die Konsequenzen der gewonnen Erkenntnisse für das einzelne Gemeindeglied, die Lokalgemeinde und die Gesamtgemeinde erarbeiteten und die Thesen formuliert werden.

Die Exegese und die biblisch-theologische Analyse bedienen sich der deduktiven, die globale Hermeneutik und die Anwendung einer induktiven Methodik.

---

[10] Honecker 1990:41.

[11] Z. B.: Bultmann 1961:18 (hist.-kritisch), Bockmühl 1980:42 (evangelikal), Warnach 1951:103 (katholisch), Bonhoeffer 2006:341f (dialektisch) etc., um nur je einen Vertreter einiger theologischer Zugänge zu nennen.

Begrifflichkeiten, welche nicht allgemein bekannt sind, werden im Text oder in den Fussnoten fortlaufend erläutert. Das Abkürzungsverzeichnis befindet sich im Anhang.

1.3 Abgrenzung des Themas

Die vorliegende Arbeit wird durch folgende Aspekte eingegrenzt:

a) Die Exegese setzt in der Betrachtung des Doppelgebotes einen Schwerpunkt in der Frage nach dem Nächsten und in der Frage nach der Selbsteinschränkung/dem Verzicht.

b) Der Frage nach der Selbstliebe wird nicht nachgegangen.

c) Die Frage nach der Kongruenz der Gottesliebe bezüglich der Nächstenliebe wird nur soweit berücksichtigt, wie dies der Fragestellung dienlich ist.

d) Schriften des antiken Judentums und der griechisch-römischen Kultur werden in der biblisch-theologischen Analyse nicht berücksichtigt.

e) Die Anwendung einer allfälligen Ethik der Selbsteinschränkung in einer globalisierten Welt konzentriert sich auf die Thematik des Ressourcenverbrauches.

f) Die praktischen Anwendungsmöglichkeiten sind auf die BewegungPlus als Modellgemeinde angelegt.

2 NT UNTERSUCHUNG ZUR SELBSTEINSCHRÄNKUNG

Da sich diese Diplomarbeit primär mit einer ethischen Fragestellung auseinandersetzt, halte ich die Exegese bewusst knapp und konzentriere mich auf V 37-40, mit Schwergewicht auf V 39[12] mit dem Gebot der Nächstenliebe. Entsprechend knapp werden die restlichen Verse behandelt.

2.1 Exegetische Arbeit zu Mt 22,37-40

In der exegetischen Auseinandersetzung mit Mt habe ich mich primär auf den 2005 ergänzten und neu überarbeiteten Kommentar von Ulrich Luz gestützt, welcher in der EKK Reihe erschienen ist.

2.1.1 Übersetzung und Literaturgattung

2.1.1.1 Textvarianten und Übersetzung

Den verwendeten griechischen Text habe ich dem *GNT* (Novum Testamentum Graece) von Nestle entnommen. In der Auswertung des textkritischen Apparates kam ich zum Schluss, dass dessen verschiedene Abweichungen unwesentlich sind. Ich verwende daher für die Übersetzung den Text wie er im GNT vorliegt. Die Auseinandersetzung mit dem textkritischen Apparat findet sich im Anhang unter Absatz 7.1, die Analyse der Schlüsselbegriffe unter Absatz 7.2 und die Textfindung unter Absatz 7.3.

Übersetzung:

37 ὁ δὲ ἔφη αὐτῷ· ἀγαπήσεις κύριον τὸν θεόν σου ἐν
Er aber sagte zu ihm: Du sollst lieben (den) Herrn, deinen Gott mit

ὅλῃ τῇ καρδίᾳ σου καὶ ἐν ὅλῃ τῇ ψυχῇ σου καὶ ἐν ὅλῃ τῇ διανοίᾳ σου·
deinem ganzen Herzen und mit deiner ganzen Seele und mit deinem ganzen Denken

38 αὕτη ἐστὶν ἡ μεγάλη καὶ πρώτη ἐντολή.
Dies ist das grosse (od. grösste) und erste Gebot.

39 δευτέρα δὲ ὁμοία αὐτῇ· ἀγαπήσεις τὸν πλησίον σου ὡς σεαυτόν.
(Das) zweite aber (ist) gleich ihm: Du sollst lieben deinen nächsten wie dich selbst.

40 ἐν ταύταις ταῖς δυσὶν ἐντολαῖς ὅλος ὁ νόμος κρέμαται καὶ οἱ προφῆται.
An diesen - zwei Geboten das ganze Gesetz hängt und die Propheten.

---

12 In der Regel werden für eine Exegese zum Doppelgebot die V 34-40 betrachtet, leiten die V 34-36 doch die Worte Jesu in V 37-40 ein. V 34-36 werden daher in der Auseinandersetzung mit der Textgliederung (Absatz 2.1.7) und des Textzusammenhangs (Absatz 2.1.2.2) miteinbezogen.

2.1.1.2 Literaturgattung

Der hier untersuchte Mt Text 22,37-40 ist der Gattung „Evangelium“ zuzuordnen. Unter Evangelium versteht man die Erzählung der Geschichte Jesu Christi. Da sie Verkündigungsgeschichte ist, kann sie nicht einer profanen Gattung zugeordnet werden (Luz I/1 2005:42). Der Begriff εὐαγγέλιον *euangẹlion* bezeichnet zunächst nur die mündliche Heilsbotschaft Christi und seiner Apostel. Erst später schafft die alte Kirche mit dem selben Begriff eine Gattungsbezeichnung. Das Gespräch aus Mt 22,37-40 ist nach klassischem formgeschichtlichen Verständnis ein Streitgespräch (Theissen 2001:341)[13].

2.1.2 Kontextbestimmung

2.1.2.1 Historischer Hintergrund des Mt Evangeliums

Die Ergebnisse der Untersuchung über die historischen Hintergründe des Mt Evangeliums haben keinen wesentlichen Einfluss auf die Exegese. Die Ergebnisse werden daher unter diesem Abschnitt nur äusserst knapp wiedergegeben. Eine detailliertere Auseinandersetzung findet sich im Anhang unter Absatz 7.4.

Ich gehe beim Mt Evangelium von einem **Verfasser** aus, welcher über ein jüdisch geformtes Stilgefühl, ein gutes griechisches Sprachgefühl und über eine Synagogenbildung verfügte (Luz I/1 2005:105). Als **Abfassungsort** scheint mir eine antiochenische Gemeinde als durchaus wahrscheinlich (:102). Die **Abfassungszeit** liegt meines Erachtens irgendwann zwischen 40. und 80. n. Chr. (Hörster 1998:69; Luz I/1 2005:104). Als **Empfänger** vermute ich eine judenchristliche Gemeinde (Luz I/1 2005:85ff). **Absicht** des Mt Evangeliums ist das Anliegen der Heidenmission (Niebuhr 2000:134). Der Autor ruft zudem die Adressaten immer wieder neu zum Handeln auf und ermahnt sie zu Treue und mutiger Glaubenspraxis (Luz I/1 2005:99). Jesus wird als der Christus dargestellt, welcher durch sein Verhalten die Thora erfüllt, vor allem gilt seine Lehre als Erfüllung, das heisst, als die authentische Auslegung der Thora (Theissen 2001:47). Der Inhalt des Evangeliums lässt auf folgende **Umstände** schliessen: Die Gemeinde realisiert das Nein der grossen Mehrheit Israels zu Jesus und versucht dieses Nein in einer Standortbestimmung zu verarbeiten (Luz I/1 2005:98). Ebenfalls scheint die Gemeinde im Zusammenhang mit Pneumatikern Falschprophetien ausgesetzt zu sein (:100).

---

[13] Im Gegensatz zu Mk 12,28-34, wo der Paralleltext als Schulgespräch wiedergeben ist.

2.1.2.2 Textzusammenhang

Eine Gesamtgliederung des Mt Evangeliums erweist sich als schwierig, wie der Blick auf die teilweise sehr unterschiedlichen Versuche der Theologen beweist. Insofern ist die Frage berechtigt, ob der Autor das Evangelium überhaupt strukturiert hat und damit eine Gliederung gerechtfertigt ist[14]. Sicher ist hingegen, dass die kürzeren Textabschnitte sehr sorgfältig aufgebaut und strukturiert sind (:27). Aufgrund dieser kurzen Textabschnitte ist, trotz der scheinbar fehlenden Gesamtgliederung, die Bestimmung eines engeren und weiteren Kontextes möglich.

Der **engere Kontext** bildet sich durch die in Mt 22,34 gemachte Verknüpfung mit den Ereignissen aus V 23-33, als Jesus „den Sadduzäern das Maul gestopft hatte“. Aber auch in diesem Abschnitt findet man einen weiteren Bezug: „An demselben Tage traten die Sadduzäer zu ihm ...“ (V 23), was zeigt, dass auch die Perikope davor noch auf diesen bestimmten Tag bezogen ist, also im Zusammenhang mit dem Doppelgebot steht. Nach der Antwort Jesu in V 37-40 wird das Gespräch in V 41-46 fortgesetzt: „Als aber die Pharisäer beieinander waren, fragte sie Jesus...“ (Vers 41). Der engere Kontext beginnt somit bei V 22,23 und erstreckt sich bis V 46.

Der **weitere Kontext** von Mt 22 ergibt sich aus der öffentlichen Auseinandersetzung Jesu mit den Führern Jerusalems, welche sich über die Kp 21-23 erstreckt. Die Auseinandersetzung beginnt mit dem Einzug in Jerusalem, der darauf folgenden Tempelreinigung (Kp 21,12-17) und findet ihre Weiterführung in der Frage nach der Vollmacht Christi durch den Hohepriester (V 23), den Gleichnissen der ungleichen Söhne (V 28-32), des Weingärtners (V 33-46) und des Hochzeitsmahles (22,1-14). Die Auseinandersetzung wird in den Fragen nach der Steuer (V 15-22), der Auferstehung (V 23-33), dem grössten Gebote (V 34-40) und Christus (V 41-45) weitergeführt. Christus warnt vor den Pharisäern und Schriftgelehrten (23,1-12) und schliesst mit den Weherufen die Auseinandersetzung (13-35). Ebenfalls zu erwähnen ist der **Bezug** zum **AT**, welcher sich bei Mt 22,37 in Dtn 6,5 und bei Mt 22,39 in Lev 19,18b wiederfinden lässt.

Im **synoptischen Vergleich** fallen einige markante Unterschiede zwischen den Erzählungen von Mt, Mk und Lk auf. Die Markusperikope (Mk 12,28-34) ist die ausführlichste der drei Texte über die Frage nach dem höchsten Gebot: Jesus zitiert im Mk Evangelium das gesamte Sch'ma Israel einschliesslich der ersten Zeile „Höre, Israel, der Gott ist der Herr allein“, während diese Formulierung bei Mt und Lk nicht vorkommt. Ebenso wird bei Mk eine Antwort des Schriftgelehrten überliefert, mit welcher der Konflikt aufgelöst wird (V 32-34). Diese Auflösung fehlt bei Mt und Lk. Im

---

[14] Eine kleine Auswahl verschiedener Gliederungsversuche: Hörster 1998:60; Preuss 1986:248; Zahn 1905:IV&X; Niebuhr 2000:75f und Tenney 1994:167.

Lukasevangelium ist die Frage nach dem höchsten Gebot (Lk 10,25-28) in einen ganz anderen Zusammenhang eingebettet: Bei Markus und Matthäus fragt der Schriftgelehrte Jesus im Anschluss an eine Diskussion zwischen Jesus und einigen Sadduzäern. Im Lukasevangelium steht die Erzählung im Zusammenhang mit dem Gleichnis vom barmherzigen Samariter.

In der Tabelle der Abb. 1 wird ersichtlich, dass alle Synoptiker, trotz ihrer Unterschiede, den Konsens mit dem Judentum hervorheben: „Mk durch Zustimmung der Schriftgelehrten; Lk dadurch, dass der Schriftgelehrte selbst die entscheidende Antwort gibt; Mt dadurch, dass er das Doppelgebot der Liebe ausdrücklich als Zentrum hervorhebt, in welchem Gesetz und Propheten begründet sind" (Theissen 2001:340). Die Betonung der Liebe als Erfüllung von Gesetz und Propheten sowie die ausdrückliche Gleichordnung von Gottes- und Nächstenliebe sind bei Mt einzigartig und heben diesen von den anderen beiden Synoptikern ab. Insofern deckt sich 22,34-40 mit dem Gesamtanliegen des Mt Evangeliums (siehe Absatz 2.1.2.1).

Mt 22,34-40	**Mk 12,28-34**	**Lk 10,25-27.28ff**
Frage eines Gesetzeslehrers nach dem grössten Gebot im Gesetz.	Frage eines Schriftgelehrten nach dem ersten/höchsten Gebot von allen.	Frage eines Gesetzeslehrers: Was muss ich tun, damit ich das ewige Leben erbe?
Antwort Jesu:	Antwort Jesu:	Gegenfrage Jesu:
1. Gottesliebe[15] (mit drei Kräften: Herzen, Seele und Denken = Dtn 6,5). Diesem ersten und höchsten Gebot ist gleich die:	1. Monotheismus (Sch'ma, Dtn 6,4) und Gottesliebe (mit vier Kräften: Herzen, Seele, Verstand und Kraft = Dtn 6,5). Neben dieses eine Gebot tritt als zweites die:	Was steht im Gesetz?
2. Nächstenliebe (Lev 19,18) In beiden hängen Gesetz u. Propheten.	2. Nächstenliebe (Lev 19,18) Es gibt kein grösseres Gebot als diese.	
	Antwort Schriftgelehrter:	Antwort Gesetzeslehrer:
	1. Monotheismus (= Dtn 6,4 erweitert um Dtn 4,35) 2. Gott zu lieben (Dtn 6,5).	Liebe: 1. Gott (mit vier Kräften: Herzen, Seele, Kraft und Verstand = Dtn 6,5) und

[15] Der Einfachheit halber verwende ich hier den Begriff *Gottesliebe* für *Liebe zu Gott* und *Liebe Gottes*; auf die beiden letzten Begriffe greife ich nur zurück, da sich sonst Missverständnisse einschleichen könnten.

	und den Nächsten zu lieben (Lev 19,18) ist mehr als alle Opfer.	2. deinen Nächsten (Lev 19,18).
	Bestätigung Jesu: Du bist nicht fern von der Gottesherrschaft.	Bestätigung Jesu: Tu das und du wirst leben! Gegenfrage: wer ist mein Nächster? Samaritanergleichnis.
Streitgespräch über die Auslegung des Gesetzes: Ausdrückliche Gleichordnung von Gottes- und Nächstenliebe; Doppelgebot als Summarium von Gesetz und Propheten.	Schulgespräch über das höchste Gebot überhaupt: Verordnung des Monotheismus (mit einer Verstärkung in der Antwort!); Nachordnung des Kultgesetzes. Nähe zwischen jüd. Lehrer und Jesus, Judentum/Christentum.	Streitgespräch über das Tun, das zum Leben führt: Der Gesetzeslehrer(!) gibt Antwort durch Zitatverschmelzung; Konsens zwischen Schriftgelehrtem und Jesus; Samaritanergleichnis [sic] als Auslegung, explizite Ausweitung auf alle Menschen.[16]

Abb. 1

Heilsgeschichtlich betrachtet, ist Mt 22,34-40 dem Wirken Jesu in Jerusalem zuzuordnen (Mt 21-25). Sein irdisches Wirken ist schon fast vollendet. Bald beginnt Jesu Leiden und Sterben am Kreuz.

2.1.3 Textthema

Es geht um die Grundlagen des Gesetzes.

2.1.4 Textgliederung

Vers	Funktion
34	*Einleitung:* Der Text beginnt mit einem Übergangsvers, der an das Sadduzäergespräch anknüpft und zugleich die Versammlung der Pharisäer erwähnt, welche Schauplatz der nächsten Episode sein wird (vgl. 41).
35	*Exposition:* Situationsbeschreibung
36	*Frage:* Beginn des eigentlichen Gespräches
37, 38, 39	*Antwort*
40	*Abschlussvers:* Aussage Jesu, wonach der Frager gar nicht gefragt hat.

Abb. 2

[16] Die Abb. 1 habe ich in leicht abgeänderter Form von Theissen übernommen (2001:341).

2.1.5 Exegese

Auslegung V . 37: „Er aber sagte zu ihm: Du sollt lieben (den) Herrn, deinen Gott mit deinem ganzen Herzen und mit deiner ganzen Seele und mit deinem ganzen Denken.“

Was meint V. 37 mit *liebe Gott*? Da das Gebot der Gottesliebe bereits Bestandteil des jüdischen Gesetzes ist (Dtn 6,5; 10,12), muss zuerst nach dem Liebesverständnis des AT gefragt werden. Liebe wird im hebräischen mit אַהֲבָה *ahawah* übersetzt und sehr breit verwendet. Grenzen wir die Analyse von אַהֲבָה *ahawah* auf die AT Texte ein, welche sich auf die Beziehung Gott-Mensch beschränken, so stellen wir fest, dass ausser in Dtn 6,5 (und Jos 23,11) die Gottesliebe immer in Kombination mit konkreten Forderungen verbunden wird. An vielen Stellen steht die Forderung in Zusammenhang mit dem **Gesetzesgehorsam** (Jos 22,5; Dtn 10,12; 11,22; 30,16) [17]. Die vielen Stellen, welche Liebe und Gehorsam miteinander verbinden, belegen, dass die Befolgung der Gebote zumindest im Dtn eine wichtiger Aspekt der Gottesliebe darstellt.

Einen weiteren Aspekt der Gottesliebe wirft die enge Verbindung von V 4 zu Dtn 6,5 auf. V 4 impliziert den **Alleinheitsanspruch** Jahwes („Jahwe allein sollst du lieben“), welcher, nach der Meinung von Mathys, vom Liebesgebot nicht getrennt werden darf (1986:148). In Zusammenhang mit der Gottesliebe wird zudem auch die **Gottesfurcht** genannt (Dt 10,12).

Gott soll mit ganzem Herzen, ganzer Seele und Kraft[18] geliebt werden[19]. Das **Herz** (לֵב *lew*) wird im AT als der Sitz des Willens und Ausgangspunkt des Handelns betrachtet (Schneider 1995:90). Es ist neben dem Ort der Gefühle vor allen Dingen das Zentrum des bewusst lebenden Menschen. Mit לֵב *lew* zu lieben heisst, mit Gefühl und Verstand wahrzunehmen und Entscheidungen zu treffen (Fieten 2005:7). Der hebräische Begriff, der in Dtn 6,5 mit **Seele** (נֶפֶשׁ *näfäsch*) übersetzt wird, ist der Sitz der Gefühle (Schwäche, Hass, Liebe, Empörung, aber auch Verlangen, Begehren, Sehnen, etc.). Zudem kann es auch *Person*, *Individuum* oder *Wesen* bedeuten. נֶפֶשׁ *näfäsch* wird für die gan-

---

[17] In anderen Stellen wird bei der Befolgung der Kombination Liebe und Gehorsam Gottes Gnade verheissen (z. B. Ex 20,6; Dtn 5,10; 7,9 etc.). Siehe dazu auch Mathys 1986:146.

[18] Anstelle des von Mt verwendeten διάνοια *dianoia* (*Verstand, Denkvermögen, Gesinnung, Absicht, Plan* oder *Gedanke*) verwendet der hebräische Text den Begriff מְאֹד *mo-od* (*Kraft/Vermögen*) der mit dem griechischen δύναμις *dynamis* (*Kraft*) vergleichbar ist. δύναμις *dynamis* wird auch in der LXX in Dt 6,5 verwendet.

[19] Siehe dazu *7.2 Analyse der Schlüsselbegriffe* im Anhang.

ze Vitalität des Menschen verwendet und weist auf einen engen Zusammenhang zwischen Körperteil und dessen Funktion (:3).

Gottesliebe bedeutet nach Dtn 6,5 also, sich willentlich und gern Gott und seinem Gesetz zu unterordnen. In Verbindung mit dem vorausgehenden V 4 gebietet Dtn 6,5 demnach:

> „Sich bewusst zu Gott verhalten, sich willig seiner Tora unterwerfen und sich mit der ganzen einem zur Verfügung stehenden Kraft um die Erfüllung der Gebote bemühen … Es gebietet, Jahwe bewusst entgegenzutreten, seine Einzigkeit anzuerkennen und seine Gebote willig zu erfüllen“ (Mathys 1986:148).

Das Dtn fordert die völlige Zuwendung von seinem Volk[20]! Die Kombination von Gehorsam als Ausdruck der Liebe ist auch dem NT nicht fremd und wird in Joh 14,15.21 und 15,10 erneuert.

Die Verbindung von Gottesliebe und Gehorsam stösst das Fenster zur Nächstenliebe auf. In der Thora sind neben den Geboten, welche die Beziehung zwischen Menschen und Gott regeln auch jene, welche die Beziehungen unter den Menschen klären. Mit der Aufforderung zur Gottesliebe ist somit zumindest implizit die Forderung zur Liebe gegenüber dem Mitmenschen enthalten. Dieser Zusammenhang wird durch den Propheten Jesaja (58,3-7) explizit geschaffen. Wie schon der Aspekt des Gehorsams wird auch der Bezug von Gottesgehorsam und Nächstenliebe von Christus aufgegriffen (Mt 5,23f) und erneuert[21]. Beim Autor des Mt Evangeliums sehen wir diese Verbindung ebenfalls. Sie begegnet uns in Jesu Aussage zum Gesetz (5,17-20), in der Rede zum Höchsten Gebot (22,37) und im Gleichnis zu den Schafen und Böcken (25,31-46)[22].

Auslegung V. 38. 39a: „Dies ist das grösste und erste Gebot. Das zweite aber ist ihm gleich:“

Immer wieder hat der Mensch die Gottesliebe auf Kosten der Nächstenliebe, oder umgekehrt, die Nächstenliebe auf Kosten der Gottesliebe gelebt (Bockmühl 1980:34). Auch wenn mit V. 38 explizit die Bedeutung der Gottesliebe hervorgehoben wird, so wird in den V. 39 und 40 aufgezeigt, dass die beiden Gebote der Gottes- und Nächstenliebe untrennbar zusammen gehören.

Christus zeigt hier allerdings eine Abfolge, welche dem Gebot der Nächstenliebe die Gottesliebe voraussetzt: Die Liebe zum Nächsten fliesst aus der Gottesliebe (Phölmann 2002:14)[23].

---

[20] So auch Nissen 1974:194.

[21] Johannes in 1.Joh 14,15.21 und 15,10.

[22] Vergleiche dazu Theissen 2001:339.496 und, Luz 2005:333. Siehe auch den synoptischen Vergleich auf Seite 8.

[23] So auch Warnach 1951:83.

Auch in dieser Aussage vertritt Christus die gängige jüdische Tradition (Mathys 1986:148).

Auslegung V. 39b: „Du sollst lieben deinen Nächsten wie dich selbst."

Wie schon V. 37 ist auch V. 39 im AT enthalten (Lev 19,18.34). Wieder muss in diesem Zusammenhang die Frage nach der ursprünglichen Bedeutung des Gebotes gestellt werden. V.39b wirft dabei zwei Fragen auf: Wie gestaltet sich die hier geforderte *Liebe* (a) und wer ist der *Nächste* (b)?

a) Wie in V. 37 wird auch hier das Wort אַהֲבָה *ahawah* verwendet, welches in der deutschen Sprache mit **lieben** übersetzt wird. Aus dem Kontext von Lev 19,18.34 ergibt sich, dass *lieben* hassen, rächen und nachtragen ausschliesst. Auch wenn der griechische Sprachgebrauch verschiedene differenzierte Liebesbegriffe kennt, so ist der von der LXX und Mt verwendete Liebesbegriff ἀγαπάω, philologisch betrachtet, nicht viel spezifischer als das hebräische אַהֲבָה *ahawah* in seiner Bedeutung.

Exkurs: Griechische Liebesbegriffe der Antike

a) Die griechische Sprache kennt verschiedene Begriffe, welche wir mit dem Wort Liebe *in die deutsche Sprache übersetzen. In der Regel werden vier verschiedene Wortstämme unterschieden. Die vier Liebesbegriffe überschneiden sich teilweise und lassen sich daher nicht scharf voneinander trennen. Dennoch können deren unterschiedliche Aspekte beschrieben werden:*

1) **ἐράω** erao *wurzelt in einem Wortstamm, welcher in einem breiten semantischen Feld Verwendung findet, der auch Elternliebe, Geschwisterliebe, den Drang nach Ruhm im Kriege und die Zuwendung der Götter zu den Menschen umfasst. Im allgemeinen Sprachgebrauch bezeichnet* **ἐράω** erao *jedoch primär das sexuelle Verlangen. Dabei ist nicht nur die Leidenschaftlichkeit des Gefühls bezeichnend, sondern auch das Hingerissensein vom Objekt des Begehrens. ἔρωσ tritt im NT nur versteckt in Namen* Ἔραστος Erastos *auf (Apg 19,22; Röm 16,23; 2Tim 4,20).*

2) **στέργειν** stergein *beschreibt die Liebe, welche durch eine natürliche Verbundenheit geprägt ist (z. B. die Liebe zwischen Eltern und Kindern.* Στέργειν stergein *drückt sich weniger mit „heftigen Gefühlen und ausserordentlichem Einsatz, als in selbstverständlicher Zuwendung, Wertschätzung und Unterstützung" aus (Coenen 2000:1319).*

3) **φιλέω** phileo *steht vor allem für die treue Zuneigung zwischen Freunden (z. B. in Jak 4,4).*

4) **ἀγαπάω** agapao *ist der Liebesbegriff mit der breitesten Bedeutungsfülle. Er kann Elternliebe und Liebe zu den eigenen Werken, politische Loyalität, eheliche Gemeinschaft, Freundschaft, persönliche Sympathie, dankbare Verehrung und (gelegentlich auch) die helfende Liebe einer Gottheit zu den Menschen und umgekehrt beinhalten (Coenen 2000:1320).*

b) Im Mt Evangelium ist der Liebesbegriff **ἀγαπάω** agapao *vorherrschend.*

Exkursende.

Die Frage nach der konkreten Gestaltung von ἀγαπάω *agapao* in Zusammenhang mit Mt 22,39 kann aufgrund der Bedeutungsfülle des Liebesbegriffs philologisch nicht beantwortet werden. Eine Konkretisierung muss daher aufgrund der Verwendung des Begriffs im Mt Evangelium thematisch erarbeitet werden.

Insgesamt wird der Liebesbegriff acht mal im Mt Evangelium verwendet[24]. Markant treten dabei die Antithesen der Bergpredigt hervor (Mt 5,43-46). Es ist umstritten, ob die antitheistische Formulierungen rein redaktionellen Ursprungs sind und sich gegen eine zeitgenössische (essenische?) Auslegung oder gegen das AT Gesetz als solches richtet (Coenen 2000:1323). Wie auch immer der Ursprung/die Motive liegen mögen, die Rahmung der Antithesenreihe durch die erste und sechste Antithese macht deutlich, dass Mt die Mitte von Gesetz und Propheten in der Liebe sieht. Lutz meint in diesem Zusammenhang: „Die Liebe ist die Erfüllung, nicht die Abschaffung von Gesetz und Propheten (5,17). Das Liebesgebot hebt die kleinsten Gebote nicht auf (5,18f), sondern relativiert sie von Fall zu Fall. In diesem Sinne hängen am Liebesgebot Gesetz und Propheten (22,40)“ (Luz 2005:333). Die Verbindung zwischen **ἀγαπάω** *agapao* und Gesetzesgehorsam wird vom Autor des Mt Evangeliums durchgehend verwendet (Mt 5,17-20; 22,37; 25,31-46).

Die Weisung, den Nächsten zu lieben wie **sich selbst**, bringt den Grad der Liebe zum Ausdruck, welche dem Nächsten entgegengebracht werden soll (Warnach 1951:300)[25].

---

[24] Mt 5,43.44.46; 6,24; 19,19; 22,37; 22,29 und 24,12

[25] Die Frage nach der *Selbstliebe* ist in Zusammenhang mit der Fragestellung der DA nur insofern von Interesse, als dass sie den Grad der Liebe beschreibt, welche man seinen Nächsten entgegenbringen soll und wird daher nicht weiter verfolgt. Weiterführende Literatur bezüglich der Selbstliebe: Guttenberg 2007, Lutz 2005, Warnach 1951:300 und Pöhlmann 2002:174.

Zusammenfassend kann gesagt werden, dass nach dem Zeugnis der Evangelien „den Nächsten *lieben*" so viel heisst wie, ich begegne dem Mitmenschen als vollwertiges Gegenüber und behandle ihn so, wie ich selbst von ihm behandelt werden möchte.

b) Das hebräische Wort רֵעַ *re-a*, das mit **Nächster** wiedergegeben wird, kann einfach den Menschen, mit dem man zu tun hat, bezeichnen, ohne diesen näher zu bestimmen (z. B. Ex 22,25)[26]. Im Zusammenhang von Lev 19,18 bezeichnet der Ausdruck jedoch den Mitisraeliten (Theissen 2001:246)[27]. Der Evangelist übersetzt רֵעַ *re-a* in Mt 22,39 mit πλησίον *plesion*, welches in seiner Bedeutung (nahe, in der Nähe von, der Nächste, Nachbar) nicht spezifischer ist als der hebräische Begriff in Lev 18,19. Wie schon bei der Frage nach der Liebe wird auch in der Frage nach dem Nächsten erst im synoptischen Vergleich (insbesondere unter Einschliessung von Lk 10,29-30) und unter Berücksichtigung der Gesamtbotschaft Christi die Person des Nächsten konkreter. Das Gebot der Agape schliesst neben dem Nachbarn und dem Zugehörigen des eigenen Volkes (Lev. 19,18) auch den Fremden (Lk 10,30-37), den Feind (Mt 5,44), den Benachteiligten (Mt 25,31-46), den Deklassierten und den Sünder (Lk 7,34; 18,11; Mt 21,31)[28] mit ein. Die Kommentatoren sind sich mehr oder weniger einig, dass *alle* Menschen, unabhängig von Volkszugehörigkeit, sozialem Status und Gesinnung, im Liebesgebot mit eingeschlossen sind.

V. 40: „An diesen zwei Geboten hängt das ganze Gesetz und die Propheten."

Der Text schliesst damit, dass Mt noch einen Lehrsatz über das Verhältnis von Gesetz und Liebe gibt: Nach Bockmühl wird das Doppelgebot der Liebe als „Bündelung des Gesetzes, das Gesetz als Entfaltung der Liebe" verstanden. Das Doppelgebot „verhält sich zu den Einzelgeboten ... wie die Quelle zum Fluss. Die Liebe ist Grund und Regelung des Gesetzes" (1980:42). Alle Einzelgebote müssen daher auch aus dem Liebesgebot heraus verstanden und gedeutet werden (:43).

---

[26] Auf die Frage, ob mit dem Begriff רֵעַ *re-a* im AT auch der Nichtjude mit eingeschlossen ist, gehe ich im Rahmen der Exegese nicht näher ein.

[27] Das ergibt sich aus dem Zusammenhang: Der *Nächste* steht parallel zum Bruder (אָח *ach*, Lev 19,17a), dem Volksgenossen (עָמִית *amit*, Lev 19,17b) und dem Mitisraeliten (עַם *am*, Lev 19,18a).

[28] Die theologische Begründung für den Einschluss des Sünders in die Nächstenliebe liegt laut Theissen wie bei der Feindesliebe im Vorbild Gottes: Der Mensch soll den Sünder lieben, weil auch Gott den Sünder liebt (2001:349).

Interessant ist die durch Christus erfolgte Hinzufügung des Begriffes προφήτης *prophētēs* (*Propheten, Prophetenbücher*) hinter das Gesetz[29]. Diese Kombination νόμος *nomos* und προφήτης *prophētēs* begegnet uns im Mt Evangelium insgesamt viermal, dreimal in Verbindung mit dem zwischenmenschlichen Umgang (Mt 5,17; 7,12 und 22,40)[30]. In der Regel wird mit dem Begriff νόμος *nomos* der *Pentateuch* (die fünf Bücher Mose) und mit προφήτης *prophētēs* der zweite umfangreichere Teil der AT Schriften verstanden (Coenen 1997:633)[31]. Der Mt Autor bringt hier unmissverständlich zum Ausdruck, dass im Doppelgebot der Liebe die *ganze* Heilige Schrift erfüllt ist[32].

2.1.6 Zusammenfassung der Exegese

Gottesliebe bedeutet, sich gern und mit aller sich zur Verfügung stehenden Kraft Gott und seinem Gesetz unterzuordnen. Die Gottesliebe ist die Quelle der Nächstenliebe. Aus ihr wird die Liebe zum Nächsten herausgeboren.

Die **Nächstenliebe** fordert, dem Nächsten als wahres und vollwertiges Gegenüber zu begegnen und diesen so zu behandeln, wie man selber behandelt werden möchte.

Das **Doppelgebot** ist die Bündelung des Gesetzes, das Gesetz die Entfaltung der Liebe. Es ist die Zusammenfassung aller göttlichen Weisungen für die Beziehung Mensch-Gott und Mensch-Mensch.

2.2 Biblisch-theologische Analyse

In der biblisch-theologischen Analyse untersuche ich, entsprechend der Fragestellung und der Eingrenzung, ob sich eine Ethik der *Selbsteinschränkung* aus dem Doppelgebot der Liebe ableiten lässt. Zudem suche ich die Definition des *Nächsten* zu konkretisieren. Die Analyse erhebt nicht den Anspruch der Vollständigkeit, sondern beinhaltet lediglich eine Auswahl an biblischen Texten.

Für die Strukturierung der Analyse hat Gerd Theissens biblisch-theologischer Zugang zum Doppelgebot Pate gestanden. Dementsprechend oft beziehe ich mich auf seine Erkenntnisse. Andere Theo-

---

[29] Der Pharisäer fragt Christus in V 36 ausschliesslich nach der Quintessenz des νόμος *nomos*.

[30] Insgesamt begegnet uns im NT die Kombination Gesetz und Propheten 11 mal (Mt 5,17; 7,12; 11,13; 22,40; Lk 16,16; 24,44; Jh 1,45; Apg 13,15; 24,14; 28,23; Röm 3,21). Die Kombination wird allerdings nur in Mt 5,17; 7,12; 22,40; Lk 16,16 mit dem Gesetz verbunden.

[31] So auch Luz 2002:309.

[32] Im Mt Evangelium begegnen uns noch zwei weitere Zusammenfassungen des Gesetzes: a) In Mt 7,12 wird das Gesetz und die Propheten in der *goldenen Regel* zusammengefasst; b) In Mt 23,23 bei der Diskussion um das Verzehnten wir das *Recht* (κρίσις *krisis*), die *Barmherzigkeit* (ἔλεος *eleos*) und die *Treue* (πίστις *pistis*) als Quintessenz des Gesetzes genannt.

logen bringe ich nur dann in die Diskussion ein, sofern sie Theissen ergänzen oder eine wichtige Gegenaussage machen.

2.2.1 AT

Aufgrund des von Christus gemachten Bezuges zu Gesetz und Propheten (Mt 22,40) kann sich die Konkretisierung des Doppelgebotes nicht nur auf das NT beschränken, sondern muss, wie bereits in der Exegese aufgezeigt, auch die Schriften des AT berücksichtigen.

2.2.1.1 Mitisraeliten

a) Im unter Abschnitt *2.1.5 Exegese* erarbeiteten engeren Kontext von Lev 19,18, ist der Begriff *Nächster* auf den **Mitisraeliten**, den Nachbarn, eingegrenzt. Ihn zu lieben schliesst hassen, rächen und nachtragen aus.

b) Theissen nennt zwei Werte der AT Ethik, welche später auf das Urchristentum einen wesentlichen Einfluss ausüben (2007:412): Nächstenliebe und Demut (oder Statusverzicht). Beide Werte haben Auswirkungen auf die horizontale und die vertikale Dimension sozialer Beziehungen: Die Liebe soll Grenzen zwischen Innen- und Aussengruppen überwinden, der Statusverzicht soll den Graben zwischen Hoch- und Niedrigstehenden einebnen. Im Kontext von Lev 19 beinhaltet dies Arme, Tagelöhner, Taube und Blinde, Witwen und Waisen, kurz gesagt alle **sozial Benachteiligten**. Das *wie dich selbst* führt eine Gleichwertigkeitsformel herbei, welche unterschiedlich interpretiert werden kann: *Wie dich selbst* kann sich auf das Verb beziehen[33]. Dann wäre die Gleichwertigkeit der *Liebe* gemeint. Die Gleichwertigkeitsformel kann sich aber auch auf das Substantiv *Nächster* beziehen. Dann wäre die Gleichwertigkeit des *Nächsten* betont[34]. Laut Theissen kann das hebräische äquivalent für *wie* (כָּמוֹ *komo*) dabei entweder einen kausalen Sinn haben: *liebe deinen Nächsten, denn er ist dir gleich*, einen finalen Sinn: *Liebe deinen Nächsten, damit er dir gleich wird!* oder eine konditionale Bedeutung haben: *Liebe deinen Nächsten, sofern er dir gleich ist!*

Liebe deinen Nächsten wie dich selbst	modal: „in der selben Weise“ quantitativ: „im gleichen Masse“
Liebe deinen Nächsten wie dich selbst	kausal: „da er dir gleich ist“ final: „damit er dir gleich wird“ konditional: „sofern er dir gleich ist“

[33] Im Sinne von: Du sollst deinen Nächsten und dich in gleicher Weise (oder in gleichem Masse) lieben.

[34] So übersetzen Martin Buber und Franz Rosenzweig: „Halte lieb deinen Genossen, dir gleich“.

Abb. 3 (Theissen 2007:413)

Egal wie man *wie* (כָּמוֹ *komo*) deutet, „immer ist eine Gleichwertigkeit als Mass, Grund, Ziel oder Bedingung im Blick"(:413). Nächstenliebe setzt voraus, dass gegebene Statusunterschiede relativiert werden. Sonst können Menschen einander nicht als Gleichwertige *wie sich selbst* lieben. Man kann ihre Gleichwertigkeit nur herstellen, indem Überlegene auf ihren Status verzichten. Einen Hinweis dazu finden wir z. B. in Lev 19,9-10, wo Gutsbesitzer zugunsten der sozial Benachteiligten auf dem Feld und dem Weinberg auf eine Nachlese verzichten sollen. Theissen sieht in der Verordnung des Jubeljahres eine weitere Bestätigung der Gleichwertigkeitsformel:

> „Es ist daher konsequent, dass das Nächstenliebegebot im Kontext von Leviticus die immer wieder neu zu schaffende Gleichwertigkeit der „Nächsten" voraussetzt. Es steht zwischen vielen kultischen Geboten und den Bestimmungen zum Jubeljahr, die beide die Wiederherstellung dieser Gleichwertigkeit sichern sollen:

Lev 1-16 (17):	Lev (17) 18-27:
Thora für Priester: Ritual und Opfergesetz	Thora für das Volk: Heiligkeitsgesetz
	19: Nächstenliebe
16: Versöhnungstag	25: Jubeljahr
Wiedererstellung der rituellen Reinheit	Wiederherstellung der Besitzverhältnisse

Tab. 26: Die innere Struktur des Heiligkeitsgesetzes [sic]

> Die vorhergehenden Opfergesetze umfassen Sühn- und Schuldopfer (Lev 4 ff.) und finden ihren Höhepunkt im Versöhnungstag, der die Sünden des Volkes beseitigt. Periodisch muss jedes Jahr das Verhältnis zwischen Gott und seinem Volk wiederhergestellt werden, damit Nächstenliebe möglich wird. Am Ende des Heiligkeitsgesetzes stehen die Bestimmungen zum Jubeljahr (Lev 25), die darüber hinaus zeigen: Alle 50 Jahre müssen periodisch die Besitzverhältnisse wiederhergestellt werden. Wenn in der Mitte zwischen diesen Bestimmungen das Liebesgebot zu lesen ist, so kann man das so verstehen: Nächstenliebe lässt sich auf Dauer nur praktizieren, wenn sowohl das religiöse Gottesverhältnis als auch die sozialen Besitzverhältnisse immer wieder erneuert werden" (:414).[35]

Nächstenliebe ist auf Dauer nur möglich, wenn der Nächste ein Nachbar bleibt, mit gleichen Rechten und Lebenschancen. Deshalb soll auch die unglückliche Lebenslage der Benachteiligten trotz deren Abhängigkeit nicht zur Selbstbereicherung ausgenutzt werden: Notdarlehen sollen ohne Zinsen vergeben und Lebensmittel ohne Aufschlag verkauft werden (Lev 25,35-37). Ebenso dürfen Pfändungen die Würde des Gläubigers nicht verletzen sowie die Deckung dessen Grundbedürfnisse nicht gefährden (Ex 22, 25,26).

---

[35] Weitere Indizien auf eine Gleichwertigkeitsformel finden sich auch in der Symbolik des Gemeinschaftsopfers (siehe dazu Theissen 2007:367).

c) Neben den Ebenbürtigen und den sozial Benachteiligten wird im AT eine weitere Kategorie von Mitisraeliten beschrieben und zwar die **älteren** und **jüngeren Generationen**. Im fünften Gebot des Dekaloges (Ex 20,12[36]) finden wir die Weisung, die Eltern zu ehren. Dieses Gebot beinhaltet den Grundsatz, auch jene, welche nicht mehr am Produktionsprozess teilhaben, mit Unterhalt und Pflege zu unterstützen (Klopfenstein 2007)[37]. Pöhlmann geht gar soweit, in Zusammenhang mit dem fünften Gebot von einem Generationenvertrag zwischen Alt und Jung zu reden (2002:117)[38]. Nach Rabbi Stern ist die Verpflichtung des Generationenvertrages gegenseitig, die ältere Generation ist auch gegenüber der jüngeren verpflichtet (Pöhlmann 2002:121).

d) Auch der **Sklave** gehört in die Kategorie der Mitisraeliten. Hier kommt die Gleichwertigkeitsformel der Nächstenliebe ebenfalls zum Ausdruck. Während der Dienstzeit hat der Herr gegenüber seinem Sklaven auf Gewalt zu verzichten und für körperlichen Schaden zu kompensieren (Ex 21,20; 21,26.27). Er soll über seinem Sklaven kein harter Herr sein (Lev 25,43). Der Herr muss ausserdem gewährleisten, dass dem Sklaven der im Gesetz verordnete minimale Schutz erhalten bleibt (Lev 25,41). Zudem ist ein Herr verpflichtet, einen entlaufenen Sklaven, welcher vor Willkür Schutz sucht, bei sich aufzunehmen (Dtn 23,16). Der Sabbat schenkt während jeder Woche einen Tag, wo der Sklave gleich seinem Herrn, von jeglicher Arbeit entbunden ist, ruhen darf und seinem Gott begegnen kann. Endgültig wird Gleichwertigkeit im siebten Dienstjahr: dann soll der Sklave aus seinem Dienst entlassen werden. Dadurch erhält er wieder den selben Status wie sein Herr, mit allen dazugehörigen Rechten und Pflichten (Ex 12,2)[39].

e) Im AT wird אַהֲבָה *ahawah* auch ausserhalb von Lev 19,18 verwendet. Z. B. wird damit auch das Verhältnis zwischen David und Jonathan beschreiben (1Sam 18,1), welches durch die Verpflichtung zu gegenseitiger Hilfe und Schutz bestimmt ist (1Sam 18-20). Jemanden lieben wie sich selbst, heisst auf dem Hintergrund der Jonathan-David-Geschichte, jemandem emotional so zugetan sein, dass man bereit ist, für das Leben des Anderen gleichviel zu tun wie für das eigene – ja es nötigenfalls über das eigene zu stellen (Mathys 1986:17).

---

[36] Parallelstelle: Lev 19,3; Dtn 5,16.

[37] So auch Pöhlmann 2002:116.

[38] Interessant wäre zu untersuchen, ob der Text in Lev 19,32 eine Erweiterung des fünften Gebotes von den leiblichen Eltern auf die Ehrung aller greisen Personen bedeutet oder es sich dabei auf die Würdigung derselben beschränkt.

[39] Der nichtjüdischen Sklaven kann von den Vorzügen des Sabbat- und Jubeljahres nicht profitieren (Lev 25,44), es sei denn, er konvertiere zum Judentum und werde zum *Proselyten* (ein zum Judentum konvertierter Heide).

f) Zusammenfassend kann gesagt werden, dass sich die Selbsteinschränkung in der Nächstenliebe in Bezug auf den Mitisraeliten im Rechts- und Statusverzicht, im Verzicht auf Bevorzugung, im Verzicht der Ausnutzung Benachteiligter und in der Aufwertung seiner Volksgenossen zum gleichwertigen Gegenüber ausdrückt. Weiter drückt sich die Selbsteinschränkung darin aus, dass sie zugunsten der Anderen die Besitzvermehrung eingrenzt und die Besitzverhältnisse im Sabbat- und Jubeljahr weitgehend wiederherstellt.

g) Obschon ich bereits teilweise auf Sabbat- und Jubeljahr eingegangen bin, möchte ich diese beiden Komponenten des jüdischen Gesetzes aufgrund ihrer zentralen Bedeutung noch einmal erläutern. Nach sechs Jahren des Säens und Erntens sollen Acker, Weinberg und Ölbaum während dem siebten Jahr, dem *Sabbatjahr*[40] (auch Erlass- oder Siebentjahr genannt), brach liegen. Die wild wachsenden Früchte dürfen von den Ackerbesitzern zu Gunsten der Armen (und Feldtieren) nicht abgeerntet werden. In Deu 15 wird die Ackerruhe um den Schuldenerlass erweitert. Dieser gilt allerdings nur gegenüber dem Volksgenossen. Nach sieben mal sieben Sabbatjahren findet im 50. Jahr das bereits erwähnte *Jubeljahr*[41] statt. Das Jubeljahr beinhaltet neben den bereits erwähnten Aspekten (Ackerruhe und Schuldenerlass) die Freilassung der jüdischen Sklaven und die Rückgabe von Äckern und Häusern an die ursprünglichen Besitzer. Beide, Sabbat- und Jubeljahr, sollen die „Anhäufung von Grundbesitz und Kapital in den Händen von wenigen und somit die Verarmung der Bevölkerung“ verhindern (Burkhardt 2004:1314). Eine wohlhabende und besitzende Minderheit wird gesetzlich verpflichtet, zugunsten einer weniger wohlhabenden Mehrheit Verzicht zu üben.

2.2.1.2 Fremde

a) Im AT wird der Fremde im selben Atemzug mit den sozial Benachteiligten genannt (Lev 19,10). Auch er ist Nächster und soll als solcher geliebt werden. Er soll gespeist und (Lev 19,9-10) rechtlich nicht benachteiligt werden (Ex 22,21). Interessant ist die Begründung für die Liebe gegenüber dem Fremden: Einerseits weil der Israelit selber Fremder war (Ex 22,21), andererseits weil auch Gott den Fremden ohne Unterschied liebt (Dtn 10,17-18). Darum soll auch der Israelit den Fremden ohne Unterschied lieben: „Und wenn ein Fremder bei dir – in eurem Land – als Fremder wohnt, sollt ihr ihn nicht unterdrücken. Wie ein Einheimischer unter euch soll euch der Fremde sein, der bei euch als Fremder wohnt; du sollst ihn lieben wie dich selbst“ (Lev 19,33b.34).

---

[40] Ex 23, 10f; Lev 25,1-7.18-22; Deu 15,1-11.

[41] Hauptquelle für das Jubeljahr sind das Heiligkeitsgesetz (Lev 25,8-17.23-25) und die Priesterschrift (27,16-25).

b) Bezüglich der Gleichbehandlung der Fremden stellt sich die Frage, ob die weitreichende Nächstenliebe von Lev 19,34[42] nur für den *Proselyten* oder auch für den *heidnischen Fremden* gilt. Die Frage ist berechtigt, macht doch auch das Gesetz einen Unterschied zwischen Konvertiten und Heiden, welche unter den Juden leben. So wird der Heide in der Gesetzgebung nur vereinzelt explizit zur Einhaltung bestimmter Gebote angehalten (z. B. die noachitischen Gebote, Sabbatvorschrift, etc.[43]). Das Gesetz unterscheidet in einzelnen Satzungen explizit zwischen Proselyten und Heiden. So gilt z. B. in Dtn 23,20.21 das Zinsverbot[44] nur für die Leihe unter Juden, ist aber gegenüber den Fremden legitim. Wann werden nun Fremde mit den minimalen Anforderungen (rechtliche Gleichbehandlung, Kleidung und Speisung) und wann mit den maximalen Erwartungen (wie sein eigen Fleisch und Blut) behandelt werden[45]?

c) Zusammenfassend kann gesagt werden, dass sich die Nächstenliebe gegenüber dem Fremden darin ausdrückt, dass auf eine Ausnutzung dessen nachteiliger Lage verzichtet wird. Zudem soll sich der Israelit zugunsten der Deckung der Grundbedürfnisse (Speisung und Kleidung) des Fremden einschränken. Dies soll in demselben Ausmass geschehen, wie es der Geber für sich selber erhofft, sollte er einmal selber ein bedürftiger Fremder sein.

2.2.1.3 Feinde

a). Das AT nennt die Nächstenliebe in Bezug zum Feind[46] nur drei Mal: Der Israelit soll nicht über dessen Fall frohlocken (Spr 24,17), wenn er Hunger oder Durst hat soll er gespeist werden, (Spr 25,21) und wenn dessen Rind/Esel entläuft, soll es ihm zurückgebracht werden Ex 23,4. Den ge-

---

[42] Die von Lev 19,33f erweiterte Nächstenliebe weitet Lev 19,18 auf den im Lande wohnenden Fremden (גֵּר) aus. Die LXX schränkt dies durch die Übersetzung von גֵּר mit προσήλυτος auf den zum Judentum übergetretene Fremden ein (Theissen 2001:346).

[43] Siehe dazu Huntemann 1999:69.

[44] Die in Dtn 23,20.21 beschriebene Zinsverbot beschränkt sich wahrscheinlich nur auf das sog. Notdarlehen (Ex 22,24). Die selbe unterschiedliche Handhabung zwischen Mitisraeliten und Fremden finden wir auch in Zusammenhang mit dem Sabbatjahr in Bezug auf die Sklavenfreilassung und den Darlehenserlass (Dtn 15,1-5).

[45] Weiterführende Literatur, welche sich mit der Frage Thora und deren Anwendung auf den Fremden auseinandersetzt: Mathys 1986; Warnach 1951; Eckart 1994 ; Niessen 1974.

[46] Unter Absatz 2.2.1.3 wird der Begriff *Feinde* ausschliesslich in Bezug auf Nachbarvölker, mit welchen Israel im Kriegszustand befindet, oder persönlicher Gegner einzelner Personen berücksichtigt. Aufgrund der Fragestellung macht es keinen Sinn die anderen im AT genannten Feinde (der Feind als *Gottesfeind*, z. B. Ex 23,22; das von Gott *abgefallene Volk* welches zum Feind Gottes wird, z. B. Jes 1,24 und der *Gottlose* welcher Feind des Frommen ist, z. B. Ps 5,9ff) zu berücksichtigen.

nannten drei Versen steht eine überwältigende Mehrheit von Texten gegenüber, welche von der Befreiung aus Feindeshand und dessen Vernichtung erzählen[47].

Exkurs: Feindesliebe gegenüber Nichtjuden

In der Fachliteratur ist die Feindesliebe gegenüber dem Nichtjuden als ethisches Prinzip des Judentums umstritten[48]. Hier nur eine kleine Auswahl an Argumenten der Diskussion: Für eine jüdische Ethik der Feindesliebe argumentieren z. B. Rabbiner Marc Stern, welcher deren Anwendung in der Diaspora während den Judenverfolgungen hervorhebt (Pöhlmann 2002:139). Viktor Warnach sieht die Feindesliebe[49] als ein dem Juden bekanntes Ideal an, welches leider nicht oft ernstlich angestrebt wurde (1951:61). Andreas Nissen vertritt die Meinung, dass dem Juden die (Heiden-) Feindesliebe als unwahrscheinlich erscheint, da diese praktisch unmöglich umsetzbar und gegenüber dem Heiden und Sünder zudem unerlaubt(!) ist (1974:303). Pro und kontra Positionen einer jüdischen Ethik der (Heiden-) Feindesliebe sind mit Dissertationen fundiert begründet worden[50]. Es scheint daher unmöglich, dass diese Frage abschliessend beantwortet werden könnte. Allgemein anerkannt ist hingegen der Standpunkt, dass der persönliche Feind aus dem eigenen Volk geliebt werden soll. Ich beschränke mich daher für die weitere Analyse des Absatzes 2.2.1 auf die als gesichert geltende Annahme der Feindesliebe bezüglich dem Feind mit jüdischem Hintergrund. Exkurs Ende.

b) Im AT finden wir aber noch weitere Indizien, welche auf eine in der Nächstenliebe begründete Feindesliebe hinweisen. So finden wir in Lev 19,15 die Verpflichtung zur Fairness gegenüber dem Prozessgegner. In Spr 20,22 wird dazu aufgerufen, Böses nicht zu vergelten, nicht nachtragend zu sein und Rache zu unterlassen (Lev 19,18). Ist ein Gewaltverzicht nicht möglich, so wird dieser in der *Lex Talionis* (Bruch um Bruch, Aug um Aug, Zahn um Zahn) auf ein Minimum eingeschränkt (z. B. Ex 21,24). Im AT finden sich verschiedene Beispiele einer gelebten Feindesliebe, wie z. B.

---

[47] Z. B. 1Sam 29,8; Nah 3,11.13; Mi 5,9; Jes 62,8 etc.

[48] Siehe dazu Theissen 2001:346.

[49] Im Gegensatz zu Stern sieht Warnach nicht in die vergebenden Liebe, sondern der hinter der Liebestat verborgene Eigennutz als Motivation. Die gelebte Feindesliebe sieht er primär in der Beziehung von Joseph zu seinen Brüdern (Gen 45,1-5; 50,15-21) oder im Verhalten Davids gegenüber Saul (1Sam 24,1-7).

[50] Siehe dazu pro: Mathys 1986; kontra: Nissen 1974.

bei David (gegenüber seinem König; 1Sam 24,1-7)[51], Joseph (gegenüber seinen Brüdern; Gen 45,1-5; 50,15-21) und Elisa (gegenüber einer feindlichen Truppe; 2Kön 6,18-23).

c) Zusammenfassend kann gesagt werden, dass sich die Liebe bezüglich dem Feind (mit jüdischen Hintergrund) mindestens im Verzicht auf Schadenfreude, in der Deckung von dessen Grundbedürfnissen (Speisung und Kleidung) und dem Verzicht auf Selbstbereicherung ausdrückt. Auf Gewalt gegenüber dem Gegner soll verzichtet werden. Ist dies nicht möglich, so sind der Gewalt in der Lex Talionis klare Grenzen gesetzt.

2.2.1.4 Zusammenfassung

a) Im Kontext des AT kann jeder Mensch Nächster sein: Nachbarn, Eltern, Kinder, Sklaven, Fremde und Feinde. Je nach Zielgruppe gestaltet sich allerdings die Qualität der Nächstenliebe unterschiedlich. Der kleinste gemeinsame Nenner der Nächstenliebe, welche gegenüber allen Mitmenschen gefordert wird, ist Speisung und Kleidung, Verzicht der Selbstbereicherung und Verzicht auf Schadenfreude und Hass sowie Eingrenzung von Gewalt.

b) Durch Sabbat- und Jubeljahr wird die Anhäufung von Grundbesitz und Kapital in den Händen von wenigen eingegrenzt. Die Verarmung der Bevölkerung wird zu Lasten der Wohlhabenden verhindert.

c) Alle Formen der AT-Nächstenliebe beinhalten in irgendeiner Form den Aspekt der Selbsteinschränkung oder des Verzichts. Man kann den Nächsten nur speisen, wenn man seinen eigenen Verbrauch und seine Bedürfnisse beschränkt. Die Weisung, auf Schadenfreude, Hass und Gewalt zu verzichten, beinhaltet bereits den Aspekt der Selbsteinschränkung.

2.2.2 NT

Die Nächstenliebe der Urchristen ist eine Ausweitung und Steigerung der AT Ethik. Das NT Verständnis des Liebesgebotes unterscheidet sich zum AT darin, dass es ins Zentrum der christlichen Ethik rückt und ausdrücklich als höchstes Gebot bezeichnet wird (Theissen 2007:415).

Die Qualität der Liebe findet in der Aussage Christi in Joh 15,12 eine neue Tiefe: „Dies ist mein Gebot, dass ihr einander liebt[52], wie ich euch geliebt habe“. Diese Liebe ist sich nicht zu schade für

---

[51] Interessanterweise beschränkt sich bei David) die Feindesliebe, im Gegensatz zu Elisa, ausschliesslich auf den Mitisraeliten (z. B. seine Überfälle auf die Bewohner von Geschur, Geser und gegen die Amalekiter 1Sam 27,8.9). Die Feindesliebe gegenüber einer feindlichen Streitmacht in 2Kön 6,18-23 scheint im AT einzigartig und daher nicht die Norm zu sein.

den selbstlosen Dienst ohne Rangordnung (Statusverzicht)[53], den Verzicht ohne Gegenleistung (Mt 5,40), die Vergebung ohne Grenzen (Mt 18,22), Verzicht auf das eigene Recht zugunsten des Anderen (Mt 5,41) oder den Verzicht auf Gegengewalt (Mt 5,39). Ja, sie kann sogar soweit gehen, dass sie das eigene Leben für den Bruder hingibt (Joh 15,13; Php 2,8)[54]. Der hier beschriebene Verzicht zugunsten des Nächsten wird von Hans Küng als „die negative Seite einer neuen positiven Praxis" bezeichnet (2007:83). Die wohl offensichtlichste Verbindung von Liebe und Selbsteinschränkung finden sich in der Briefliteratur in Röm 14,1-23 und 1Kor 8,1-13, wo Paulus über den Verzehr von Götzenfleisch lehrt. In beiden Texten wird der Starke aufgerufen, seine Freiheiten zugunsten des Schwachen einzuschränken, damit dieser nicht an seinem Glauben schaden nimmt.

Innerhalb des NT finden sich zwei gegenläufige Trends bezüglich des Liebesgebotes: In den Synoptikern findet sich eine ausweitende, in der Briefliteratur und dem Joh Evangelium eine eingrenzende Tendenz. Für die NT Analyse beginnen wir zuerst mit der Darlegung der ausweitenden Tendenz:

2.2.2.1 Die synoptische Ausweitung

a) Mitisraeliten/Glaubensgeschwister

Im AT werden diejenigen, welche gegen das Gesetz und die Gebote Gottes verstossen gemäss der Lex Talionis bestraft: Sünder werden ausgegrenzt, soziale Kontakte mit ihnen vermieden. Christus erwartet, dass auch der **Sünder** (nicht die Sünde!) geliebt wird. Jesus wendet sich demonstrativ den Grenzgängern der innerjüdischen Gesellschaft zu: Die Sünderin in Lk 7,36-50, welche eine stadtbekannte Prostituierte ist und von den anderen diskriminiert wird, ist von Christus akzeptiert. Sie antwortet mit ihrer Liebe, indem sie seine Füsse mit ihren Tränen wäscht und mit ihren Haaren trocknet. Christus sagt von ihr: „Ihre vielen Sünden sind vergeben, denn sie hat viel Liebe gezeigt; wem aber wenig vergeben wird, der liebt wenig" (V 47). Diese beispielhafte Hinwendung schliesst auch *Zöllner* und *Sünder* (Lk 7,34), *Zöllner* und *Prostituierte* (Mt 21,31), *Räuber, Betrüger, Ehebrecher* und *Zöllner* (Lk 18,11) mit ein. Christus schliesst diese Menschen in die Gemeinschaft der Nächsten ein, indem er in deren Häusern einkehrt und Tischgemeinschaft pflegt (Mk 2,15) oder die körperliche Berührung durch diese Menschen in aller Öffentlichkeit duldet (Lk 7,37-39). Christus setzt sich demonstrativ über die gesellschaftliche Abwertung der als Sünder abgewerteten Men-

---

[52] Parallelstelle: Joh 13,34 & 15,17

[53] Joh 13,4.5; Php 2,7.

[54] Siehe dazu auch Bonhoeffer 2006:241.

schengruppen hinweg und macht diese zu gleichwertigen Gegenübern (Theissen 2007:415 und 2001:349).

b) Fremde

Die Nächstenliebe wird in Lk 10,25-28.29-32 [55]zur Fremdenliebe ausgeweitet: Nachdem zwei jüdische Geistliche den bedürftigen Volksgenossen nicht wahrgenommen haben, kommt ein Angehöriger eines fremden Volkes, welcher durch nichts anderes als einer bitteren Geschichte von Hass und Ablehnung mit dem Volk des Bedürftigen verbunden ist. Eben dieser Fremde wird im Gleichnis nicht zum Ziel der Nächstenliebe, sondern zu dessen Täter! Theissen sieht in diesem Gleichnis bestätigt, dass Menschen keine Nächsten *sind* (etwa durch räumliche Nähe oder die Zugehörigkeit zu einer bestimmten Gruppe), „sondern erst ihr von Liebe geprägtes Handeln *macht* sie zu Nächsten. ...Nächstenliebe ist [daher] universalistisch konzipiert, umfasst auch Fremde bzw. wird auch von Fremden geübt“ (2001:346). Während der Gesetzeslehrer eruieren will, wer der *Nächste* ist, fragt Jesus, wer dem halbtoten Opfer am *nächsten* kommt? *Nächster* (πλησίον *pläsion*) kann ohne Artikel Substantiv wie Adverb sein. „Dieses Wortspiel ermöglicht den Perspektivwechsel von der Frage: Wer ist mein Nächster als Adressat meiner Hilfe? “ (Theissen 2007:416).

Das Liebesgebot findet in Mt 28,19.20 eine weitere Steigerung: Christus erwartet von seinen Jüngern nicht nur die Fremdenliebe gegenüber denjenigen, welche unter ihnen leben, sondern auch gegenüber denjenigen Fremden, die in den Nationen leben[56]. Ihnen soll die frohe Botschaft verkündigt werden, sie sollen zu Jüngern gemacht, gelehrt werden, all das zu halten, was Christus geboten hat und getauft werden. In der aktiven Liebe zum Fremden, welcher ausserhalb des jüdischen Mutterlandes lebt, wird der Jünger selber zum Fremden. Die Gleichwertigkeitsformel realisiert sich in diesem Fall, dass der einheimische Jünger selber zum Fremden wird.

c) Feinde

Die Nächstenliebe findet eine weitere Erweiterung in der Feindesliebe (Mt 5,43-48). Sie wird begründet durch...

> ...den *Vergleich* auf Gegenseitigkeit, welche von Zöllnern und Heiden bzw. Sünder praktiziert wird (Mt 5,46f; Lk 6,32-34).

---

[55] Siehe dazu Absatz 2.2.1.2.

[56] Siehe dazu Bonhoeffer 2006:295f zum Begriff *Fernsten-Liebe.*

...die *Verheissung* der Gotteskindschaft, die durch praktizierte Feindesliebe erworben oder als eschatologischer Lohn versprochen wird (Mt 5,45; Lk 6,35).

...die *Begründung* mit dem Verhalten Gottes, der den Segen der Schöpfung (Sonne, Regen, etc.) allen Menschen zukommen lässt (Mt 5,45; Lk 6,35).

...den direkten *Aufruf*, es Gott gleich zu tun und vollkommen bzw. barmherzig zu sein „wie euer Vater“ (Mt 5,48; Lk 6,36).

Der wesentliche Unterschied zwischen AT und NT liegt dabei darin, dass sich das Gebot nicht mehr an einen einzelnen, persönlichen Gegner richtet, sondern sich auf einen kollektiven Feind bezieht (doppelter Plural): „Ihr habt gehört, dass gesagt wurde: *Du* sollst deinen Nächsten lieben. ... Ich aber sage euch: *Liebet* eure Feinde!“(Mt 5,43.44)[57]. Christi Gebot zur Feindesliebe ist hier nicht mehr ausschliesslich auf den feindlich gesinnten Mitisraeliten bezogen, sondern schliesst alle Feinde ein (religiöse Gegner, politische Unterdrücker, etc.; Theissen 2001:348).

Die Feindesliebe findet ihren konkreten Ausdruck in der Fürbitte, dem Segnen, der Wohltat und dem Leihen. Zudem soll nebst dem ohne Gegenwehr erlittenen Unrecht dem Feind auch mehr gegeben werden als er verlangt. Dieses *Mehr* ist selbst bei staatlicher Willkür zu geben (Mt 5,41)[58].

Der Verzicht auf Gegengewalt darf keinesfalls als Schwäche oder Ausdruck der Ohnmacht missdeutet werden. Es geht Jesus bei dieser Forderung nicht um eine ethische oder gar asketische Leistung, die in sich selber einen Sinn hätte. Es geht vielmehr um eine radikale Erfüllung des Willens Gottes zugunsten des Mitmenschen. Wie bereits erwähnt, ist der Gewaltverzicht nur die negative Seite der positiven Praxis der Nächstenliebe. Es wäre darum falsch, den Verzicht auf Gegengewalt gleichzeitig als Verzicht auf jeglichen Widerstand zu deuten. So wendet z. B. Christus bei einem Schlag auf die Wange vor Gericht nicht seine andere Wange hin, sondern weist den Diener auf seine unrechte Handlung hin (Joh 18,22f)[59].

2.2.2.2 Die Eingrenzung in der Briefliteratur und bei Joh

a) Die Ausweitung der Nächstenliebe beinhaltet allerdings ein Problem. Die **Gleichwertigkeitsformel** scheint durch die neu gewonnene Breite ihrer Adressatengruppe nicht mehr umsetzbar: auf

---

[57] Die AT Vorläufer der Feindesliebe sind alle im Singular (z. B. Ex 23,4f; Spr 25,21f).

[58] Siehe dazu Theissen 2001:348.

[59] Ein prominenter Vertreter des christlichen gewaltlosen Widerstandes ist Leo Tolstoi. Sein Widerstand, welcher er mehrheitlich in literarischer Form leistete, richtete sich gegen die staatliche Willkür und gegen die Unterdrückung der Bauern durch die russischen Grossgrundbesitzer (Nigg 1986:546ff).

einmal sind Menschen einander zur Liebe verpflichtet, welche in sich starke Rang-, Status- und Machtgefälle repräsentieren. So zeigt z. B. die Geschichte vom barmherzigen Samariter nur *wer* der Nächste ist – sie klärt aber nicht, was es heisst, den Nächsten *wie* sich selbst zu lieben. Im Gegenteil, sie zeigt viel mehr mit dem Stichwort *Barmherzigkeit* (ἔλεος *eleos*) ein Ungleichgewicht auf, denn Barmherzigkeit wird nicht gegenüber gleichwertigen geübt sondern dem Menschen, welcher durch eine Notsituation benachteiligt ist, gewährt (Theissen 2007:416). Die Feinde des Feindesliebesgebots sind keine Menschen gleichen Status, sie sind an Macht überlegen. Der Feind *kann* somit unmöglich wie sich selber geliebt werden (Nissen 1974:303)[60]. Lässt der Autor von Mt 5,43 deshalb beim Zitat von Lev 19,18 die Gleichwertigkeitsformel („wie dich selbst“) weg? Übrig bleibt nur das Gebot: „Du sollst deinen Nächsten lieben“…

Möglicherweise finden wird deswegen in der Briefliteratur und im Joh Evangelium eine gegenläufige Tendenz der Einschränkung des Liebesgebots.

b) Bei Paulus finden wir eine erste Eingrenzung der Nächstenliebe in Gal 6,10, in dem er sie abstuft: „Lasst uns Gutes tun an jedermann, allermeist aber an des Glaubens Genossen“. Weiter geht das Joh Evangelium, welches die „gegenseitige Liebe“ (Joh 13,34; 15,12.17) betont. In den Joh Briefen wird sie gar als „Bruderliebe“ auf die Gemeinde begrenzt (1 Joh 2,10): Gemeindeglieder sollen bevorzugt behandelt werden! Ist diese Einschränkung ein Verlust gegenüber den Synoptikern?

c) Die Eingrenzung des Adressatenkreises der Liebe geschieht bei Paulus und Joh zugunsten einer Radikalisierung der Gleichheitsformel (Theissen 2007:417f). So appelliert Paulus bei innergemeindlichen Problemen an das Gebot der Liebe. Dieses soll die Ungleichheiten überwinden: im Streit um den Genuss von Opferfleisch soll der Starke zugunsten des Schwachen auf seine persönlichen Freiheiten verzichten (1Kor 8,1). Bei der Kollekte bittet er die Korinther um Geld für die Armen in Jerusalem, damit der eine nicht Überfluss und der andere Mangel hat (2 Kor 8,7 ff.)[61]. Dabei beschränkt sich die Gleichheitsformel nicht ausschliesslich darauf, dass der Überlegene sich auf die Stufe des Unterlegenen begibt. So wird z. B. Philemon angewiesen, seinen ehemaligen Sklaven Onesimus als freien Bruder aufzunehmen (Phlm 16 und 17). Die Gleichheitsformel wird hier durch die Aufwertung des Benachteiligten realisiert.

---

[60] So auch Theissen 2007:416.

[61] Siehe dazu auch Kim 2002:36.

Das Joh Evangelium stellt in der Gleichheitsformel den Höhepunkt dar. So verzichtet Christus in Joh 13,1-17 auf seinen Status als Meister und übernimmt die Rolle des Sklaven: er bindet sich eine Schürze um und wäscht seinen Schülern die Füsse.

2.2.2.3 Gegenüberstellung und Weiterführung

Bei der Konkretisierung des Liebesgebotes im NT finden sich zwei Tendenzen:

I. Die Ausweitung der Zielgruppe (Überwindung der Grenzen zwischen Binnen- und Aussengruppe).

II. Die Radikalisierung der Gleichheitsformel (Überwindung der Grenzen zwischen „Oben" und „Unten".

Die erste Tendenz finden wir bei den Synoptikern, welche die Grenzen der eigenen Gemeinschaft überwinden, aber bei den Statusunterschieden ausserhalb dieser an ihre Grenzen stossen. Die zweite Tendenz finden wir in den paulinischen Briefen und im Joh Evangelium, welche die Gleichheitsformel konsequent umsetzt, dies aber nur innerhalb der eigenen Gruppe realisieren können.

Es ist offensichtlich: Es ist unmöglich, dass beide Tendenzen gleichzeitig voll zur Wirkung kommen, weil sie einander entgegenwirken. Wie kann dieses Spannungsfeld überwunden werden?

Die einzige Möglichkeit, dieses Spannungsfeld mindestens zu entschärfen, liegt in der Verbindung der *Nächstenliebe* mit dem *Statusverzicht* (:418)[62]. Theissen erkennt dabei eine radikalere und eine moderatere Variante der Liebe: Die Ausweitung des Liebesgebots auf den Feind, den Schwachen und den Fremden ist dabei eine *radikale* Liebe, seine Einschränkung auf die Gemeinde dagegen eine *moderate* Liebe. Innerhalb dieser beiden Varianten ist eine weitere Abstufung in den NT Schriften spürbar. Nämlich eine Liebe die auf Gegenseitigkeit beruht und eine, welche über die Gegenseitigkeit hinaus geht:

Radikale Liebe: Im Mt Evangelium begegnet ein reicher junger Mann Christus und berichtet ihm, dass er alle sozialen Dekaloggebote (nklusive dem Gebot der Nächstenliebe!) gehalten hat. Auf die Frage des Jünglings, was er noch tun müsse, antwortet ihm Christus: „Wenn du vollkommen sein willst, so geh hin, verkaufe deine Habe und gib den Erlös den Armen! Und du wirst einen Schatz im

[62] Im Gegensatz zu Theissen versucht Fritzsche das Spannungsfeld nicht durch die Kombination von Nächstenliebe und Statusverzicht aufzulösen, sondern betont eine Nächstenliebe, welche *trotz* Standesunterschiede ausgelebt wird (Fritzsch 1961:283ff). Diesen Ansatz sieht er beispielsweise in 1Kor 7,20ff begründet, wo Paulus Sklaven und Freie aufruft in ihren jeweiligen „Ständen" zu bleiben. Fritzsches Ethik entzieh sich dem Spannungsfeld Ausweitung-Gleichheitsformel durch eine Betonung einzelner paulinischer Aussagen und ist daher als einseitig und unausgewogen einzustufen.

Himmel haben. Und komm, folge mir nach!" (Mt 19,21). Der junge Mann wird von Christus aufgefordert, auf seinen Status zugunsten der Armen zu verzichten. Christus wird in Mt 5,43-48 in Anschluss an die Ausweitung der Nächsten- zur Feindesliebe mit folgenden Worten zitiert: „Ihr nun sollt vollkommen sein, wie euer himmlischer Vater vollkommen ist." Beide Texte rufen zu einer Nächstenliebe auf, welche nicht mehr auf Gegenseitigkeit beruht. Beide, Besitzverzicht und Feindesliebe, sind für den Mt-Evangelisten vollkommene Verwirklichungen des Liebesgebotes. Beide bezeichnen Formen eines radikalen Ethos.

Moderate Liebe: Das Joh Evangelium vertritt im Gegensatz zu Mt eine innergemeindliche Verwirklichung des Liebesgebotes. Auch dieses Evangelium kennt eine Abstufung der Liebe. Zweimal zitiert Christus das Liebesgebot. Das erste Mal, in Joh 13,34f., sollen alle (Menschen ausserhalb der Gemeinde) die Jünger Jesu an ihrer gegenseitigen Liebe erkennen. Das zweite Mal, in Joh 15,12-17, sagt Christus: „Niemand hat grössere Liebe als die, dass er sein Leben lässt für seine Freunde" (V 13). Die radikalere Liebe besteht hier in der Bereitschaft zum Martyrium – wie im zweiten Beispiel bei Mt, kann auch hier nicht mehr von Gegenseitigkeit die Rede sein, von einer Hoffnung auf Anerkennung durch die Welt ist nichts zu spüren. Die Liebe, an der alle die Einheit der Gemeinde erkennen sollen (Joh 17,20-26), nimmt hier die Form der Selbstaufopferung an.

In Abb. 4 wird die Radikalität der synoptischen Evangelien durch die Betonung der Liebe, welche über das Mass der Gegenseitigkeit hinausgeht, deutlich erkennbar. Dies im Gegensatz zum Joh Evangelium und Paulus, welche ihr Schwergewicht auf die Gegenseitigkeit der Liebe legen.

	Radikal (Synoptiker)	**Moderat (Johannes und Paulus)**
Betonung:	Die Ausweitung der Zielgruppe (Überwindung der Grenzen zwischen Binnen- und Aussengruppe).	Die Radikalisierung der Gleichheitsformel (Überwindung der Grenzen zwischen „Oben" und „Unten").
Liebe, welche auf Gegenseitigkeit beruht:	Zielgruppe: Glaubensgeschwister.	Zielgruppe: Alle Menschen , auch die ausserhalb der Gemeinde, sollen geliebt werden (Joh 13,34f). Am allermeisten aber die Glaubensgenossen

		(Joh 15,12-17).
Liebe, welche über die Gegenseitigkeit hinausgeht:	Zielgruppe: Feinde (Mt 5,43-48), Fremde (Lk 10,25-37), Sünder (Lk 7,36-50) und Bedürftige (Mt 19,21).	Zielgruppe: Glaubensgeschwister. Hingabe des Lebens zugunsten der Freunde, Martyrium (Joh 15,13). **Abb. 4**

2.2.2.4 Zusammenfassung

a) Die Nächstenliebe wird im NT auf diejenigen Situationen ausgeweitet, in welchen diese nicht mehr auf Gegenseitigkeit beruhen. Dabei drückt sie sich im Verzicht auf Status, Gegenleistung, Rache, eigenes Recht zugunsten des Anderen, persönliche Freiheiten und Gegengewalt aus. Die Nächstenliebe kann sogar soweit gehen, dass sie auf das eigene Leben zugunsten des Nächsten verzichtet.

b) Im NT finden sich zwei unterscheidende Tendenzen im Adressatenkreis der Nächstenliebe: Eine *moderate*, welche ihren Ausdruck primär innerhalb der Gemeinde findet und eine *radikale*, welche eine Ausweitung auf den Feind, den Schwachen und den Fremden beinhaltet. In beiden Ausdrucksformen sind Nächstenliebe und Statusverzicht eng miteinander verbunden.

2.2.3 Fazit der biblisch-theologischen Analyse

a) Im Kontext des **AT** kann jeder Mensch Nächster sein: Nachbarn, Eltern, Kinder, Sklaven, Fremde und Feinde. Je nach Zielgruppe gestaltet sich die Qualität der Nächstenliebe unterschiedlich. Der kleinste gemeinsame Nenner der Nächstenliebe, welche gegenüber allen Mitmenschen gefordert wird, ist die Speisung und Kleidung, der Verzicht der Selbstbereicherung und der Verzicht auf Schadenfreude und Hass, sowie die Eingrenzung von Gewalt.

b) Die Nächstenliebe wird im **NT** durch Christus radikalisiert und ausgeweitet. Neu soll sie auch in denjenigen Situationen gelebt werden, wo keine Gegenseitigkeit mehr möglich ist. Dem Nächsten soll so begegnet werden, dass er zum wahren und vollwertigen Gegenüber wird. Er soll so behandelt werden, wie man selber behandelt werden möchte, auch wenn man selber von diesem nicht als Gleichwertiger behandelt wird.

d) Auch wenn sich die Liebe im NT gegenüber dem **Nächsten** teilweise unterschiedlich ausdrückt, so ist doch jeder Mitmensch, insbesondere der Bedürftige, *Nächster*.

c) Gegenüber allen Adressaten der Nächstenliebe, ob Glaubensbruder oder Feind, ist die **Selbsteinschränkung** in irgendeiner Form des Verzichts Teil der Liebe. Der Nächste kann nur gespeist werden, wenn man seinen eigenen Verbrauch und seine Bedürfnisse einschränkt. Der Verzicht auf Schadenfreude, Hass und Gewalt, Status, Gegenleistung, Rache, eigenes Recht zugunsten des Anderen, persönliche Freiheiten und Gegengewalt sind ebenfalls alle Ausdruck der Selbsteinschränkung zugunsten des Nächsten.

2.3 Fazit der NT Untersuchung zur Selbsteinschränkung

Aufgrund der in der Exegese und der biblisch-theologischen Analyse gemachten Erkenntnisse komme ich zum Schluss, dass eine Ethik der Selbsteinschränkung wesentlicher Aspekt des Doppelgebotes der Liebe ist. Ohne Verzicht, welcher Ausdruck der Selbsteinschränkung ist, kann die neutestamentliche Nächstenliebe nicht realisiert werden.

Die am Anfang der NT Untersuchung gestellte Frage, ob sich aus dem Doppelgebot der Liebe eine Ethik der Selbsteinschränkung ableiten lässt, kann somit positiv beantwortet werden:

Ja, aus dem Doppelgebot der Liebe lässt sich die Ethik der Selbsteinschränkung ableiten!

3 GESTALTUNG EINER CHRISTLICHEN ETHIK DER SELBSTEINSCHRÄNKUNG IN EINER GLOBALISIERTEN WELT

In der theologisch-systematischen Untersuchung kommt unter Absatz 2.2.1.4 zum Ausdruck, dass der kleinste gemeinsame Nenner der Nächstenliebe, welcher gegenüber allen Mitmenschen gefordert wird, unter anderem die Speisung und Kleidung sowie der Verzicht der Selbstbereicherung auf Kosten der Benachteiligten ist. Was für eine Bedeutung haben diese Erkenntnisse für die Gestaltung des täglichen Lebens? Beschränkt sich das Gebot der Nächstenliebe auf das unmittelbare Umfeld der Familie, Gemeinde, Nation? Oder haben wir in einer globalen Welt eine globale Verantwortung, sprich, wird der Afrikaner, Asiate, Australier, Nord- und Südamerikaner zum Nächsten?

3.1 Hermeneutische Ansätze für eine globale Verantwortung?

Die Klärung der Frage nach dem Nächsten und der Gestaltung einer Ethik der Selbsteinschränkung orientiert sich entsprechend der Fragestellung und der Eingrenzung an der Ökologie des Ressourcenverbrauches. Dazu werden wir in einem ersten Schritt einen Blick auf den von Mathis Weckernagel entwickelten ökologischen Fussabdruck werfen. In einem zweiten Schritt betrachten wir die Frage der Umweltverschmutzung und deren Auswirkungen.

3.1.1 Der ökologische Fussabdruck

Das Konzept wurde 1994 von Mathis Wackernagel und William E. Rees entwickelt. Unter dem ökologischen Fussabdruck wird die Fläche auf der Erde verstanden, die notwendig ist, um den Lebensstil und Lebensstandard eines Menschen (unter Fortführung heutiger Produktionsbedingungen) dauerhaft zu ermöglichen. Das schliesst Flächen ein, die zur Produktion seiner Kleidung und Nahrung oder zur Bereitstellung von Energie erforderlich sind. Ebenfalls eingerechnet sind die Flächen, welche zum Abbau des erzeugten Mülls oder zum Binden des durch Aktivitäten freigesetzten Kohlendioxids benötigt werden. Ein Fussabdruck von 1 Planeten beansprucht die Erde lediglich bis zu ihrer natürlichen Regenerationsfähigkeit. Gegenwärtig haben wir 1.8 ha pro Person zur Verfügung, um unseren momentanen Lebensstil zu ermöglichen. Wer auf grösserem Fuss lebt, beutet die Erde auf Kosten anderer Menschen und künftiger Generationen aus.

Gegenwärtig beanspruchen die Industrienationen ein Mehrfaches der ihnen zur Verfügung stehenden Fläche. So würden beispielsweise 5.4 Planeten benötigt, wenn alle Menschen so viel Energie verbrauchten, wie es ein durchschnittlicher US Amerikaner tut. Doch auch die Europäer haben einen zu hohen Verbrauch. Der Fussabdruck weiterer Länder ist anhand der Abb. 5 ersichtlich.

Der Weltdurchschnitt liegt heute bei 1,3 Planeten. Das heisst, die Menschheit konsumiert 30% mehr als ihr zu Verfügung steht. Christian Kaiser hat diesen zu hohen Verbrauch auf ein Jahr bezogen: „Bereits am 6. Oktober haben wir Menschen verbraucht, was die Erde für ein Jahr [sic] erneuern kann. Fast drei Monate leben wir also auf Pump. Auf Dauer kann das nicht gut gehen" (2008:6). Dieser zu hohe Verbrauch an ökologischen Ressourcen nimmt laufend zu. So prognostizieren Energiekommission und Klimarat IPCC selbst in ihrer moderatesten Prognose bis zum Jahr 2050 einen doppelt so hohen Ressourcenverbrauch, wie unser Planet uns zur Verfügung stellen kann. Die Schäden der Übernutzung sind dabei sehr ungerecht verteilt. Die Afrikaner beispielsweise verursachen weniger als zwei Prozent des CO^2, sind aber von den Folgen des Klimawandels stark betroffen: Wahrscheinlich werden 70 oder mehr Prozent der Klimatoten Afrikaner sein. Die Europäer dagegen werden verhältnismässig kleine Schäden hinnehmen müssen, obwohl sie viel CO_2 ausstossen.

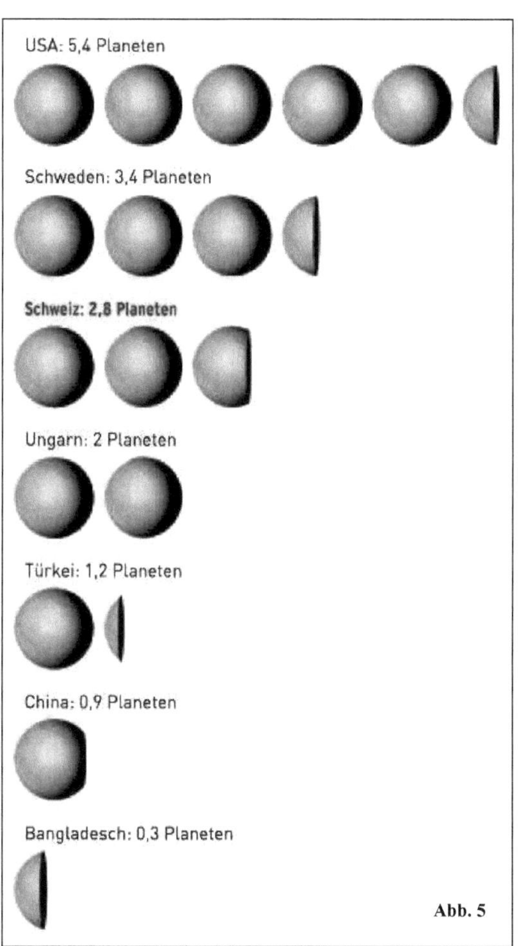

Abb. 5

Schweizer und Amerikaner haben grosse Kaufkraft, verbrauchen viel, fliegen häufig, etc. Die Flugindustrie erzeugt weltweit gleich viel CO^2 wie der ganze afrikanische Kontinent. Die finanzielle Stärke der Industriestaaten ermöglicht es, die Auswirkungen des ökologischen Kollapses lange von ihren eigenen Ländern fernzuhalten[63]. Damit beschleunigen sie aber den Zusammenbruch, weil der Ressourcenverbrauch weiter ansteigt.

Der Wohnort hat ebenfalls einen sehr grossen Einfluss auf den ökologischen Fussabdruck. Ein Schweizer, der nach Houston zieht, wird seinen Umweltkonsum verdoppeln, während eine Schweizerin in Siena nur einen Drittel ihres Kollegen in Houston beansprucht – praktisch ohne Einbusse an Lebensqualität. Der Grund: Siena ist viel kompakter gebaut (im Gegensatz zu Houston wo man nicht zu Fuss einkaufen gehen kann), und man konsumiert z. B. auch mehr lokale Produkte. Wo man leben will und wie energieeffizient das Haus ist, in dem man lebt, das sind die zentralen Entscheidungen, welche die Grösse unseres Fussabdrucks bestimmen. Im Vergleich dazu spielt die Frage, ob man den Joghurtbecher rezykliert, praktisch keine Rolle (:5).

Exkurs: Schweizerischer Agrarflächenverbrauch in Entwicklungsländern

Die Schweizer essen längst nicht nur das, was auf ihren Feldern wächst. Neben gewichtigen Einfuhren aus der Europäischen Union (z. B. Weizen, Gemüse, Früchte, etc.) werden auch Produkte aus Übersee importiert. So türmen sich in den Einkaufswagen Bananen aus Costa Rica, Mangos und Kaffee aus Brasilien, Poulet aus China und grüne Bohnen aus Marokko. Durch die Einfuhr der folgenden landwirtschaftlichen Erzeugnisse nutzt die Schweiz rund 375'000 ha Ackerbaufläche in Brasilien, Ghana und anderen Entwicklungsländern:

Gewürze	*4'500 ha*	
Mais/Reis	*8'500 ha*	
Baumwolle/Seide	*29'000 ha*	
Fleisch, Tabak, Tee	*27'000 ha*	
Früchte und Gemüse (inkl. Säfte)	*20'000 ha*	
Kakao	*140'000 ha*	
Pflanzenöle, Soja , Erdnüsse	*52'000 ha*	
Kaffee	*94'000 ha*	
Total Agrarfläche in Entwicklungsländern	***375'000 ha***	**Abb.6**

Zum Vergleich: die Ackerfläche der Schweiz umfasst 283'659 ha (Gerster 2006:29).

Exkurs Ende.

---

[63] Die reichen 20% der Weltbevölkerung beanspruchen rund 80% der natürlichen Reichtümer der Erde für sich (Franck 2008).

Fazit: Die uns nicht zustehenden und trotzdem verbrauchten Ressourcen werden auf Kosten der Menschen der Entwicklungs- und Schwellenländern[64] und der nachfolgenden Generationen verbraucht.

3.1.2 Auswirkungen der menschlichen Eingriffe in die Umwelt

Der übermässige Ressourcenverbrauch hat nachhaltige, teilweise irreparable Auswirkungen auf das Ökosystem. Diese Erkenntnis ist nicht neu: Lynn White[65] hat bereits in seinem 1967 publizierten Artikel *The historical Roots of our ecologic Crisis*[66] auf die durch Technologisierung, Bevölkerungsexplosion und Verstädterung verursachte Umweltzerstörung hingewiesen. Die aus dem Raubbau resultierende Umweltverschmutzung hat im 20. Jahrhundert ein Zerstörungspotenzial erreicht, welches ganze Ökosysteme zerstören kann. Die verheerende Wirkung der Kombination Raubbau und Verschmutzung möchte ich anhand eines aktuellen Beispieles, dem Aralsee, illustrieren:

Abb. 7

Seit tausenden von Jahren wird die Region Turan um den Aralsee bewohnt[67]. Die ältesten menschlichen Spuren reichen bis in die Altsteinzeit zurück. Der Aralsee, ein riesiges Binnengewässer, hat während der ganzen Besiedlungszeit Menschen mit Wasser und Nahrung versorgt. In den 60er Jahren veranlasst die russische Planwirtschaft die Anpflanzung von Baumwollfeldern in der Aralregion, welche den traditionellen Ackerbau ersetzen

---

[64] Ein *Schwellenland* ist ein Staat, der traditionell noch zu den Entwicklungsländern gezählt wird, nicht mehr deren typische Merkmale aufweist und deshalb begrifflich von den Entwicklungsländern getrennt wird. Es hat die typischen Strukturmerkmale eines Entwicklungslandes überwunden und ist im Begriff, sich von dieser Gruppe abzuheben. In diesem Stadium ist ein Schwellenland durch einen weitgehenden Umbau der Wirtschaftsstrukturen gekennzeichnet, der von der Agrarwirtschaft zur Industrialisierung führt. Schwellenländer sind meist geprägt durch einen starken Gegensatz zwischen arm und reich und anfällig für politische Unruhen. Ein *Entwicklungsland* ist nach allgemeinem Verständnis ein Land, das hinsichtlich seiner wirtschaftlichen, sozialen und politischen Entwicklung einen relativ niedrigen Stand aufweist. Dabei handelt es sich um einen Sammelbegriff für Länder, die nach allgemeinem Sprachgebrauch als „arm“ gelten.

[65] Ehemaliger Professor für Geschichte in *Princeton*, *Stanford* und der *University of California*, Los Angeles.

[66] Ursprünglich ist der Artikel in der Zeitschrift *Science* erschienen. Ein Übersetzung findet sich bei *Schaeffer* 1973:71 unter dem Titel: *Die historischen Wurzeln unserer ökologischen Krise.*

[67] Die Region liegt zwischen Kasachstan und Usbekistan.

soll. Die riesigen Monokulturen (der für die Region fremden Pflanze) benötigen für die Zucht riesige Mengen an Wasser, welche aus dem See entnommen werden (Létolle 1996:390). Der Einsatz enormer Mengen an Düngemitteln und Pestiziden soll die Ernteerträge steigern. Jahrelang werden je Hektar 480-600 kg Dünger (in Deutschland durchschnittlich ca. 330 kg/ha) auf die Baumwollfelder ausgebracht. Pro Hektar werden bis zu 54 kg Pestizide versprüht (in Deutschland durchschnittlich 1 kg/ha), Pestizide, wie sie die Amerikaner im Dschungelkrieg in Vietnam einsetzten. Entlaubungsmittel werden eingesetzt, um das Einsammeln der Baumwolle zu erleichtern. Diese hochgiftigen Substanzen werden selbst dann aus Flugzeugen auf die Felder versprüht, wenn dort Menschen die Ernte einbringen (Fedtke 2008). In den See werden nun auch fremde Fischsorten eingeführt, um den Ertrag der Fischereiflotte zu steigern. In den umliegenden Steppen wird die Viehzucht intensiv vorangetrieben. Heute, nur 40 Jahren später, ist das ganze Ökosystem des Sees und dessen Umgebung zerstört. Was ist geschehen?

Der riesige Wasserbedarf der als Monokultur angebauten Baumwolle hat den Seespiegel und den Grundwasserspiegel der umliegenden Steppen massiv gesenkt und zu einer Versalzung des Restwassers geführt[68]. Der riesige See ist fast gänzlich verschwunden, ganze Fischereiflotten liegen auf Grund (Abb. 7). Die Versalzung sowie die Pestizide und Düngemittel haben das Wasser soweit verschmutzt, dass der See für Fische keinen Lebensraum mehr bieten kann. Die Überweidung der Steppe hat den Boden ausgelaugt. Als Folge hat sich die gesamte Tier- und Pflanzenwelt verändert oder ist teilweise ganz verschwunden. Die Anzahl der Tage mit Staubstürmen hat sich verdoppelt bis verdreifacht. Mit den Stürmen werden vom früheren Seegrund Staub und Salz abgetragen, welche wiederum Luft und Boden verschmutzen. Die moderne Landwirtschaft von Turan hat zu Spitzenzeiten 95% des

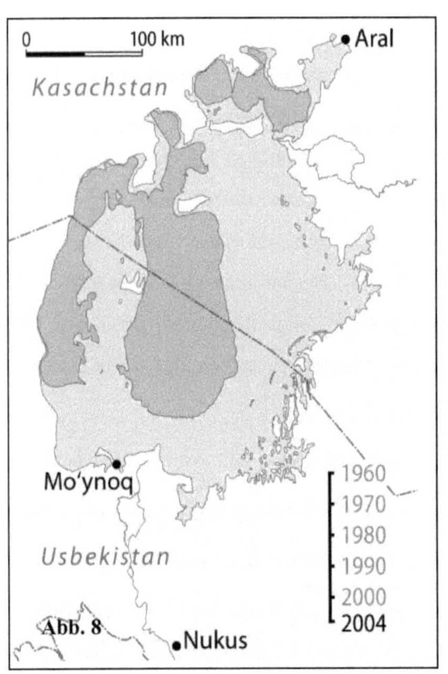

Abb. 8

[68] 1960 hatte der Aralsee eine Fläche von schätzungsweise 68'000 km^2, 2003 war die Wasserfläche auf ca. 18'240 km^2 verkleinert. Das Wasservolumen hat sich in derselben Zeitspanne um ca. 10% auf 112,8 km^3 reduziert (Perrak 2008). Siehe dazu Abb. 8: die braune Fläche markiert die ursprüngliche Fläche des Sees, die blaue zeigt den Stand 2004 an.

Baumwoll-, 40% des Reis- und 30% des Obstbedarfs der ehemaligen Sowjetunion abgedeckt. Baumwolle, Viehzucht und Fischfang sind die drei Säulen der modernen Wirtschaft im Ökosystem der Region Turan. Alle drei entwickelten sich zum Fehlschlag, die beiden ersten führten zudem zu einer schweren Schädigung der Umwelt. Die Folgen sind für die Bewohner jener Region tragisch (Létolle 1996:390). Neben der Zerstörung der wirtschaftlichen Lebensgrundlagen hat die Wasser- und Luftverschmutzung auch zu schwerwiegenden gesundheitlichen Schädigungen geführt:

- 90% der Frauen im gebärfähigen Alter leiden an Anämie. Ihre Muttermilch und Plazenta enthalten Schwermetalle und Rückstände von DDT und Lindan.
- 99% der neugeborenen Kinder leiden ebenfalls an dieser Anämie. 72% leiden unter chronischen Atemwegserkrankungen, Darminfektionen oder Blutkrankheiten. In Tachtakupyr werden 40% der Kinder mit Craniostenose geboren. Diese Kinder sind in ihrer geistigen Entwicklung behindert.
- Die Kindersterblichkeitsrate zählt zu den höchsten der Welt, in einigen Rayons beträgt sie bis zu 10%.
- 70% der Bevölkerung leidet an verschiedensten Erkrankungen der Atemwege.
- 60% der Kinder haben mit erheblichen gesundheitlichen Problemen zu kämpfen.
- Der Anteil an missgebildeten oder behinderten Neugeborenen ist ebenfalls überdurchschnittlich hoch (Fedtke 2008).

Der ökologische Raubbau in der Region des Aralsees hat für die dort ansässige Bevölkerung folgende Konsequenzen nach sich gezogen:

- Der gegenwärtigen Generation hat er die wirtschaftlichen Lebensgrundlagen geraubt und teilweise massiv die Gesundheit ruiniert.
- Die direkten Nachkommen der Bewohner werden ebenfalls keine wirtschaftlichen Lebensgrundlagen haben und sind durch die Umweltverschmutzung gesundheitlich gefährdet.
- Die Menschheit hat auf unabsehbare Zeit ein Siedlungsgebiet verloren, welches über Jahrtausende hinweg Lebensraum für Mensch und Tier geboten hat.

Sicher, der Aralsee ist ein krasses Beispiel bezüglich des ökologischen Raubbaus. Er ist aber bei weitem nicht der einzige Fall mit solch verheerenden Folgen. Die Überfischung der Weltmeere (ein Drittel der Artenvielfalt ist bereits verschwunden), die ökologische und wirtschaftliche Katastrophe rund um den Victoriasee oder die Abholzung der tropischen Regenwälder sind weitere Zeugen einer nachhaltigen Zerstörung von lebenswichtigen Ökosystemen.

3.1.3 Umweltbemühungen

Wie lange der ökologische Raubbau im aktuellen Ausmass so weitergehen kann, ist ungewiss. Sicher hingegen ist, dass in einzelnen Gebieten der Welt die Ökologie bereits zusammenbricht. Weckernagel nennt als Beispiel Haiti: Was dort die Ökosysteme hervorbringen, reicht nicht mehr, um die heimische Bevölkerung voll zu ernähren, und die Leute sind zu arm, um die fehlende Güter zu importieren. Das führt zu sozialen Konflikten und Bürgerkriegen. Inzwischen verlassen selbst Entwicklungsorganisationen das Land, es wird völlig aufgegeben.

Um dem ökologischen Bankrott zu entgehen, wird inzwischen vermehrt in alternative und erneuerbare Energiequellen investiert. Auch werden energiesparende Massnahmen erforscht, technische Massnahmen für die CO^2 Reduktion getroffen und fleissig rezykliert. Minergie- und Nullenergiehäuser sind ebenfalls ein Schritt in eine umweltverträglichere Lebensgestaltung. Doch reichen weder Forschung noch technologische Erneuerungen aus, um den Bankrott abzuwenden. Das zur Verfügung stehende Budget von einem einzigen Planeten kann tatsächlich teilweise erhöht werden. Durch bessere Pflanzenarten, Züchtungen beim Reis beispielsweise, erhöht sich die landwirtschaftliche Produktivität. So ist in den letzten 40 Jahren die Produktivität der Erde um rund 15 Prozent erhöht worden. Allerdings hat sich die Nachfrage im selben Zeitraum verdoppelt – und die Artenvielfalt hat sich stark reduziert. Zweifellos ist die Weiterentwicklung und Erforschung neuer Technologien und Anbaumethoden wichtig. Sie werden in der Zukunft eine nicht unwesentliche Rolle spielen, doch werden sie nicht ausreichen, um den drohenden ökologischen Kollaps abzuwenden.

Gegenwärtig verursachen einseitige Lösungsversuche neue ökologische Krisen. So schafft beispielsweise der Versuch, die CO^2-Emissionen durch die Umstellung auf Biodiesel zu reduzieren, neue Versorgungsprobleme in den Entwicklungs- und Schwellenländern. In Lateinamerika, Südostasien und Afrika wird der Anbau von Biotreibstoffpflanzen durch die Regierungen forciert. Dadurch gehen riesige Flächen für den Ackerbau verloren, welche eigentlich für den Anbau von Grundnahrungsmitteln benötigt werden. Dies wiederum führt zu Ernährungsengpässen[69]. Neben der

---

[69] Die im April dieses Jahres stattgefundenen *Foodriots* (Bevölkerungsaufstände wegen mangelnden Lebensmitteln) in Haiti stehen, gemäss *IWF* (Internationaler Währungsfonds) Direktor Dominique Strauss-Kahn, in direktem Zusammenhang mit der Produktion von Biotreibstoffen. Bis zu einem Drittel der Preisexplosion von Grundnahrungsmitteln ist auf die Biotreibstoffproduktion zurück zu führen. Bleiben die Lebensmittelpreise so teuer wie bisher (z. B. der Weizenpreis ist in den letzten drei Jahren um 183% gestiegen) so wird, laut IWF und Weltbank, wahrscheinlich die „Bevölkerung einer sehr grossen Zahl von Ländern mit

Verknappung der Lebensmittel führt die erhöhte Nachfrage nach Biodiesel zusätzlich zu vermehrten Rodungen der Regenwälder, um zusätzliche Anbaugebiete zu gewinnen. Der „Umweltschutz" mit Biodiesel wird somit auf Kosten der Bevölkerung und des Ökosystems der Entwicklungs- und Schwellenländer betrieben. Der Umstieg von fossilen Brennstoffen auf Biodiesel hat ausschliesslich zu einer geografischen Verlagerung der Problematik geführt. Dies erst noch zu Ungunsten derjenigen Teile der Welt, welche ohnehin schon den höchsten Preis für den ökologischen Raubbau bezahlen (Behrend 2008)[70].

Der überhöhte Verbrauch von Ressourcen lässt sich technologisch nicht kompensieren. Es geht also nicht ohne eine Reduktion des Verbrauchs. Soll der ökologische Bankrott abgewendet werden, muss alles daran gesetzt werden, um den Ressourcenverbrauch auf ein verträgliches Mass zurückzufahren. Weckernagel geht so weit zu sagen: „Jede Ausrede, nichts zu tun, ist ein Verbrechen gegen die Menschheit" (Kaiser 2008:8).

3.1.4 Zusammenfassung

Der aktuelle Ressourcenverbrauch der Weltbevölkerung liegt 30% über der natürlichen Regenerationsfähigkeit der Erde. Die Schweiz trägt mit einem ökologischen Fussabdruck von 2,8 ebenfalls zum Raubbau an den Ressourcen und der damit verbundenen Umweltverschmutzung bei. Die unmittelbaren Konsequenzen des Ressourcenraubbaus äussern sich in regional begrenzten Zusammenbrüchen von Ökosystemen, welche wiederum den dort lebenden Menschen die wirtschaftlichen Lebensgrundlagen zerstören. Die Umweltverschmutzung schädigt zudem die Gesundheit der Menschen. Gegenwärtig haben die Entwicklungs- und Schwellenländer am stärksten unter den Folgen des überhöhten Ressourcenverbrauchs zu leiden.

Die nach wie vor wachsende Nachfrage an Ressourcen kann nicht mit der Weiterentwicklung von energiesparenden Technologien oder alternativen Brennstoffen kompensiert werden. Wächst der gegenwärtige Ressourcenverbrauch weiter wie bis anhin, so ist mittel- oder langfristig ein globaler Kollaps des Ökosystems unvermeidbar. Die einzige Möglichkeit, diesen Kollaps abzuwenden, ist die Einschränkung des Ressourcenverbrauches.

---

furchterregenden Konsequenzen konfrontiert werden. Hunderttausende Menschen werden hungern müssen, Kinder werden an Mangelernährung leiden, die Wirtschaft von Staaten.... [kann] zerstört werden (Schweizerische Depeschenagentur 2008:4).

[70] Weitere Informationen zur Bio- oder Agrarenergie kann unter www.grain.org heruntergeladen werden.

3.1.5 Fazit

Der Ressourcenverbrauch hängt direkt mit der Kaufkraft und dem damit verbunden Lebensstandard der Industrienationen zusammen. Diese überlegene Kaufkraft wird verwendet, um den hohen Lebensstandard auf Kosten von Benachteiligten aufrecht zu erhalten. Die Lebensgestaltung der Schweizer hat (zusammen mit derjenigen anderer kaufstarker Nationen) direkte Folgen auf das Leben von Menschen in allen Teilen der Erde. Eine Ethik der Nächstenliebe muss daher aufgrund der international funktionierenden Wirtschaftsbeziehungen und deren nachhaltigen Auswirkungen global und langfristig betrieben werden. Meine Nächsten sind somit alle gegenwärtigen Erdenbürger, die nachfolgenden Generationen mit eingeschlossen.

3.2 Weiterführung

In der Weiterführung setze ich nun die Erkenntnisse aus der *NT Untersuchung* und *Hermeneutische Ansätze für eine globale Verantwortung* zueinander in Bezug. Als erstes betrachte ich, welche Menschengruppen durch den Ressourcenverbrauch betroffen sind. Als zweites kläre ich, wie wir mit dem Spannungsfeld moderate- und radikale Nächstenliebe umgehen sollen.

3.2.1 Auswirkungen des Ressourcenverbrauches und das Liebesgebot

Der Ressourcenverbrauch gefährdet die Menschen der Entwicklungs- und Schwellenländer in zweifacher Hinsicht: a) Der ökologische Raubbau zerstört deren wirtschaftliche Lebensgrundlage und b) durch die mit dem Raubbau verbundene Umweltverschmutzung wird die Gesundheit der dort wohnhaften Bevölkerung teilweise massiv geschädigt. Neben den ökologischen und gesundheitlichen Auswirkungen beinhaltet der Raubbau noch einen weiteren wichtigen Aspekt: Der wirtschaftliche Gewinn fällt den Industrienationen zu. Im Fazit der biblisch-theologischen Analyse (Absatz 2.2.3) werden Speisung, Kleidung, Verzicht auf Selbstbereicherung, Schadenfreude und Hass sowie Eingrenzung von Gewalt als kleinster gemeinsamer Nenner der Nächstenliebe genannt, welcher gegenüber allen Mitmenschen gefordert wird. Die drei Auswirkungen des Ressourcenraubbaus sind alle in diesem kleinsten gemeinsamen Nenner enthalten:

a) Mit der *Zerstörung der wirtschaftlichen Lebensgrundlagen* wird den Betroffenen die Möglichkeit zur *Selbstversorgung* (Speisung und Kleidung) genommen.

b) Mit der *Schädigung der Gesundheit* wird den Betroffenen *Gewalt an Leib und Leben* ungerechtfertigterweise zugefügt.

c) Mit dem aus dem Raubbau gezogenen *wirtschaftlichen Gewinn bereichern* sich die Industrienationen auf Kosten der (in diesem Fall *benachteiligten*) Entwicklungs- und Schwellenländer.

Ein Lebensstil, welcher einen zu hohen ökologische Fussabdruck hinterlässt, steht offensichtlich im Widerspruch mit dem minimalen Ansatz der Nächstenliebe. Aufgrund des durchschnittlichen ökologischen Fussabdruckes von 2.8 Planeten verstösst der Schweizerbürger mit einem national durchschnittlichen Lebensstandard selbst gegen die minimalsten Anforderungen des Liebesgebotes.

3.2.2 Betroffene Binnen- und Aussengruppen

Versuchen wir (entsprechend Absatz 2.2) die vom ökologischen Raubbau betroffenen Menschen in Gruppen aufzuteilen, so zeichnen sich folgende Gruppen ab:

Aussengruppen:

a) Aktuell ist die Bevölkerung der Entwicklungs- und Schwellenländer direkt betroffen.

b) Mittel- oder langfristig wird die gesamte Weltbevölkerung betroffen.

c) Nachfolgende Generation werden betroffen.

Binnengruppen:

d) Aktuell ist die christliche Gemeinde[71] der Entwicklungs- und Schwellenländer direkt betroffen. Wichtig ist zu erwähnen, dass diese Gruppe die Mehrheit der weltweiten christliche Kirche darstellt[72].

e) Mittel oder langfristig wird die weltweite christliche Gemeinde betroffen.

f) Die nachfolgenden Generationen der christlichen Gemeinde werden betroffen.

3.2.3 Spannungsfeld radikal-moderate Nächstenliebe

Die unter Absatz 3.1 gewonnene Erkenntnis einer globalen Verantwortung entspricht in ihrem Ansatz der synoptischen Tendenz der Ausweitung (Absatz 2.2.2.1 und folgende). Sie beinhaltet eine Ausweitung der Zielgruppe des Liebesgebotes. Durch die globalen Auswirkungen des lokalen Lebensstandards wird die Binnengruppe auf eine (diesmal globale) Aussengruppe erweitert. Entsprechend der synoptischen Tendenz wird allerdings auch diese Ausweitung an die Grenzen der Status-

---

[71] Im Begriff christliche Kirche sind alle christlichen Traditionen mit eingeschlossen (Katholiken, Orthodoxe, Evangelikale, Charismatiker etc.).

[72] Nach angaben von *OM* (Operation Mobilisaion) befinden sich, laut neusten Zählungen, etwas über 60% der Christen in Entwicklungs- und Schwellenländer (Johnstone 2003:45).

unterschiede zwischen Binnen- und Aussengruppe stossen. Neben der Aussengruppe ist auch die Binnengruppe durch den Ressourcenverbrauch mehrfach betroffen (Absatz 3.2.2). Wir sehen uns, gleich dem NT, dem Spannungsfeld *Ausweitung der Zielgruppe* und *Radikalisierung der Gleichheitsformel* ausgesetzt. Dieses Spannungsfeld kann nur entschärft werden, wenn wir, wie im NT, die *Nächstenliebe* mit dem *Statusverzicht* verbinden (Theissen 2008:418).

3.2.4 Fazit

Tragen wir alle unter Absatz 3.2 gewonnenen Erkenntnisse zusammen, erhalten wir ein Gesamtbild von Auswirkungen, Betroffenen und ethischen Spannungsfeldern des ökologischen Raubbaus. Folgende Bezüge zwischen *radikal-moderater Nächstenliebe* und betroffenen Zielgruppen ergeben sich:

	Radikal	**Moderat**
Betonung:	Ausweitung der Zielgruppe (Überwindung der Grenzen zwischen Binnen- und Aussengruppe)	Radikalisierung der Gleichheitsformel (Überwindung der Grenzen zwischen „Oben“ und „Unten“)
Liebe, welche auf Gegenseitigkeit beruht:	Zielgruppe: Alle Glaubensgeschwister	Zielgruppe: Alle Menschen, aber insbesondere die betroffenen Glaubensgeschwister der Entwicklungs- und Schwellenländer Weltweite christliche Gemeinde Nachfolgende Generationen der christlichen Gemeinde
Liebe, welche über die Gegenseitigkeit hinausgeht:	Zielgruppe: Die Bedürftigen der Entwicklungs- und Schwellenländer Die nachfolgenden Generationen der Entwicklungs- und Schwellenländer Die Weltbevölkerung generell	Zielgruppe: Alle Menschen, aber insbesondere die betroffenen Glaubensgeschwister der Entwicklungs- und Schwellenländer Weltweite christliche Gemeinde Nachfolgende Generationen der christlichen Gemeinde

Abb. 9

Diesem Gesamtbild entsprechend lassen sich nun konkrete Konsequenzen für eine Ethik der Selbsteinschränkung bezüglich des Ressourcenverbrauches ableiten. Entsprechend der Eingrenzung beziehen sich die Konsequenzen auf die Freikirche BewegungPlus.

3.3 Konsequenzen

a) Nächstenliebe drückt sich in einer globalisierten Welt durch eine Einschränkung des Ressourcenverbrauchs aus. Die Einschränkung des Ressourcenverbrauches kann aufgrund der wirtschaftlichen Zusammenhänge (zumindest mehrheitlich) nicht zugunsten von Binnen- oder Aussengruppe gelenkt werden. Ich werde daher auf eine Aufteilung der Konsequenzen in radikal- und moderatethische Ansätze verzichten. Die Einschränkung des Ressourcenverbrauches kann sich jedoch in einem Rahmen der Gegenseitigkeit bewegen oder aber über diesen Rahmen hinausgehen. In diesen beiden Kategorien (Gegenseitigkeit/über die Gegenseitigkeit hinaus) werden darum auch die nachfolgenden Konsequenzen entfaltet.

b) Als **gegenseitig** definiere ich Nächstenliebe in diesem Abschnitt, welche den Ressourcenverbrauch reduziert, da sie (neben dem Lebensraum der Entwicklungs- und Schwellenländer) mittel- und langfristig auch den Lebensraum der ersten Welt bewahrt. Alle, Entwicklungs- und Schwellenländer sowie Industrienationen, profitieren. Der Aufwand der gegenseitigen Nächstenliebe beziehe ich zudem auf einen Rahmen, welcher für die überwiegende Mehrheit der Mitglieder der BewegungPlus umsetzbar ist. Als Nächstenliebe, welche **über die Gegenseitigkeit hinausgeht**, definiere ich Konsequenzen, welche den oben beschriebenen Rahmen der Gegenseitigkeit sprengen und sich in ihrer Umsetzbarkeit daher wahrscheinlich auf eine Minderheit der Mitglieder der BewegungPlus beschränken. Diese extremere Form der Nächstenliebe behandle ich erst ganz am Schluss der Konsequenzen unter Absatz 3.3.4.

c) Die Konsequenzen werden auf drei Ebenen entfaltet: Die des einzelnen Gemeindegliedes, der Lokalgemeinde und der Gesamtbewegung. Dies geschieht aufgrund der unterschiedlichen Möglichkeiten und Grenzen, welche die verschiedenen Ebenen beinhalten. So birgt das einzelne Gemeindeglied mit grosser Wahrscheinlichkeit das grösste Potenzial bezüglich dem Einsparen von Ressourcen. Die BewegungPlus hat dagegen mit ihrer Stimme als Gesamtbewegung mehr Gewicht und

Einfluss beispielsweise in der Gesellschaft. Die Aufzählung der konkreten Umsetzungsmöglichkeiten ist nicht abschliessend, hofft aber die wichtigsten Aspekte zu nennen.[73]

3.3.1 Konsequenzen für das einzelne Gemeindeglied der BewegungPlus Interlaken

Die Selbsteinschränkung drückt sich in erster Linie darin aus, dass der Einzelne nicht weniger Geld, sondern das Geld anders ausgibt, um seine Lebensführung zu gestalten. Beispielsweise sind Produkte aus fairem Handel, welche ökologisch nachhaltig produziert werden, oft teurer als vergleichbare Standardprodukte. Dies gilt auch für die Mobilität. Wer Ressourcen sparen will, muss die Benutzung von privaten Verkehrsmittel auf öffentliche verlagern. Dies wird unter Umständen einen etwas grösseren Zeitaufwand benötigen, ansonsten die Mobilität aber nicht verunmöglichen.

3.3.1.1 Konsumverhalten

a) Wie können Ressourcen im Bereich des Konsums eingespart werden? Betrachten wir als erstes den Bereich der **Lebensmittel**. Der Konsum von Lebensmittel kann auf verschiedene Weise die Umwelt belasten. Das Herstellungsland und der damit verbundene Transportweg der Produkte ist ein wichtiger Indikator. Dies gilt insbesondere für Milch-, Fleisch-, Fisch- und Getreideprodukte, Gemüse und Früchte. So braucht es beispielsweise pro Bund Spargeln, welcher aus Mexiko importiert wird, 5,0 Liter Erdöl – für die gleiche Menge in der Schweiz produzierter Spargeln benötigt es lediglich 0,3 Liter, bis dieser in die Verkaufsregale der Grossverteiler gelangt. Ein Kilo Erdbeeren, welches im März aus Israel eingeflogen wird, benötigt 4,9 Liter im Vergleich zu 0,2 Liter für Erdbeeren, welche aus Schweizer Produktion stammen und im Juni in den Verkauf gelangen. Auf Getreide aus Trockenregionen[74] und Fisch aus

Ein Hektar Kulturland ernährt so viele Menschen:

	Eiweiß	Joule
Erdäpfel	11 Menschen	17 Menschen
Soja	11 Menschen	5 Menschen
Weizen	5 Menschen	9 Menschen
Gemüse	12 Menschen	5 Menschen
Schweine	1,5 Menschen	2 Menschen
Rinder	2,5 Menschen	2 Menschen

Abb. 10

[73] Das *JMEM* (Jugend mit einer Mission) Zentrum in Einigen hat den Absatz *Konsequenzen 3.3* auf ihre Umsetzbarkeit überprüft. JMEM Einigen hat über mehrere Jahre hinweg Erfahrungen in einem nachhaltigen Lebensstil gesammelt.

[74] Da Energie billig ist, spielen Distanzen wirtschaftlich gesehen keine Rolle mehr. So können die „billigsten" Anbaugebiete für Getreide irgendwo sein. Sehr oft sind dies Trockenregionen. In jenen Gebieten muss sämtliches Wasser, an welchem es aufgrund des spärlichen Regens oft mangelt, aus dem Grundwasser ge-

Entwicklungs- und Schwellenländern ist wenn möglich gänzlich zu verzichten. Fleisch aus Entwicklungs- und Schwellenländern ist nicht nur aufgrund seines Transportes problematisch, sondern auch aufgrund seiner Nährineffizienz. Das für die Tiermästung verwendete Getreide ist für Menschen wesentlich ergiebiger, wenn es z. B. in Form von Grütze oder Brot direkt konsumiert wird (siehe dazu Abb. 10). Saisongerechtes Einkaufen einheimischer Produkte hilft den Ressourcenverbrauch drastisch zu reduzieren[75]! Neben Produktions*ort* und *Jahreszeit* ist auch Produktions*weise* ein wichtiger Faktor. So sind Produkte, welche unter Mithilfe von Kunstdüngern[76] und synthetischen Pestiziden angebaut werden, um einiges energieintensiver und umweltbelastender als beispielsweise Bioprodukte[77]. Lebensmittel mit schweizer Biolabels[78] helfen den Konsumenten bei der Auswahl von umweltschonenden und ressourcenarmen Produkten. Werden Lebensmittel gekauft, welche nicht die Schweiz als Ursprungsland haben, so ist darauf zu achten, dass diese von Importeuren bezogen werden, welche neben den Bio- auch eine Fair-Trade-Zertifizierung[79] besitzen. Fair-Trade-Labels garantieren gerechte Arbeitsbedingungen in den Herstellerländer und achten meist auch auf eine nachhaltige Produktion. Weiter kann der Energieverbrauch reduziert werden, wenn Bewohner ländlicher Regionen landwirtschaftliche Erzeugnisse (Milch, Gemüse, Eier, etc.) direkt beim Landwirt (Direktverkauf) beziehen. Die vom Landwirt gekauften Lebensmittel sind in der Regel wenig bis gar nicht verpackt. Dies wirkt sich ebenfalls positiv auf die Ressourcen und Energiebilanz aus, da für die Herstellung und Entsorgung von Verpackungsmaterialien wieder Energie benötigt wird. Abfall vermeiden ist ökologisch gesehen viel besser als rezyklieren[80]. Lebensmittel sind generell möglichst frisch zu kaufen, weil für den Verarbeitungsprozess und die Zwischenlage-

---

pumpt werden. Bis zu 1000 Liter Wasser müssen pro Kilo Brot energieintensiv auf die Getreideäcker gefördert werden (Roth 2001:8).

[75] Siehe dazu die WWF Broschüre *Früchte und Gemüse: Am besten saisonal.*

[76] Zur Herstellung von Kunstdünger wird viel Energie benötigt.

[77] Ein in den USA gezüchtetes Rind erfordert pro Kilo Fleisch sieben Liter Treibstoff. Darin enthalten sind Dünger für die Maisfelder und Diesel für die Maschinen. Noch nicht mitgerechnet ist der Treibstoff für den Transport des Fleisches in die Verkaufsläden, welcher bis nach Europa reichen kann (Appenzeller 2004:55).

[78] Siehe dazu die Broschüre *Das Beste für Küche und Natur. Labels für Lebensmittel*, welche von Konsumentenschutz, Ktipp etc. herausgegeben wurde. Die Schrift ist erhältlich bei WWF.

[79] Claro oder Max Havelaar haben eine grosse Auswahl an Lebensmittel und Non-Food Produkten. Weitere Informationen zu fair-Trade können herunergeladen werden unter: www.tearfund.ch/stoparmut/mitmachen/Fairteilen/Fairtradedef_korr.pdf

[80] Siehe dazu Holthuizen 2008:10f.

rung (Kühlung und Transport) wiederum viel Energie benötigt wird. Wasser muss nicht im Supermarkt gekauft, sondern kann direkt aus dem Wasserhahn bezogen werden[81].

b) Bei **Non-Food Produkten** sind ähnliche Kriterien zu berücksichtigen wie bei den Lebensmitteln. Auf den Kauf von Produkten aus Übersee ist wenn möglich zu verzichten. Bei Elektrogeräten (Backofen, Waschmaschinen, etc.) sind diejenigen, welche der Energiesparklasse *A* entsprechen, allen anderen vorzuziehen. Bei *Do-it* (Heimwerker) Angeboten sind Labels für emissionsarme Produkte zu berücksichtigten, sie schonen Gesundheit und Umwelt. Solche Labels existieren auch für Blumen und Pflanzen, Holz- und Papierprodukte sowie Textilprodukte (Kleidung, Bettwäsche, etc.). Beim Kauf von Non-Food Produkten sind qualitativ hochstehende Produkte aufgrund ihrer Langlebigkeit gegenüber minderwertigen zu favorisieren (dies spart Rohmaterialien sowie Energie zu deren Herstellung und Entsorgung). Wie bei Lebensmitteln empfiehlt es sich auch bei Non-Food Produkten Hersteller zu berücksichtigen, welche den Fair-Trade Kriterien entsprechen.

3.3.1.2 Wohnen

a) In der Gestaltung von Wohngewohnheiten können **Mieter** einen wesentlichen Beitrag zur Reduzierung des ökologischen Fussabdruckes beitragen. Der Heizölverbrauch lässt sich wesentlich verringern, indem die Heiztemperatur im Winter auf 19-20°C reduziert wird. Zimmer sind intensiv, aber kurz zu lüften. Permanent offene Kippfenster sind sehr energieineffizient und daher zu vermeiden. Der Boilerthermostat kann ohne Einbusse von Hygiene und Wohnqualität auf eine Heiztemperatur von 60°C festgelegt werden. Generell hat der Umgang mit Wasser einen grossen Einfluss auf den Energieverbrauch. Jeder im Haushalt verwendete Liter Wasser wurde zuvor durch das örtliche Wasserversorgungsnetz mechanisch und chemisch gereinigt. Dieser Reinigungsprozess hat zur Konsequenz, dass alles Wasser, welches durch unsere Leitungen fliesst, Energie verbraucht – selbst dasjenige, welches nur für das Spülen der Toilette verwendet wird. Der Energieverbrauch reduziert sich also auch mit der Einschränkung des Wasserverbrauches. Duschen statt Baden dürfte wohl die grösste Einsparung bewirken. Weiter kann Wasser beim Duschen gespart werden, wenn während dem Einseifen der Wasserhahn abgedreht wird. Zusätzlich können Wasserspardüsen sehr einfach an

---

[81] Nirgendwo ist das Wasser aus der Leitung sauberer, dennoch trinken die Europäer weltweit das meiste in Flaschen abgefüllte Wasser. 2004 wurden pro Person 40 Liter Mineralwasser in die Schweiz importiert – hauptsächlich aus Italien und Frankreich, teilweise aber auch aus Grossbritannien. Pro Liter importiertes Mineralwasser werden bis 2,9 dl Erdöl alleine für den Transport benötigt – Wasser aus dem Hahn benötigt genau 0 dl Öl für dessen Transport (Bachmann 2006). Die Neuproduktion und Entsorgung der Wasserbehälter sowie der weltweite Transport belastet nicht nur die Umwelt, sondern macht das Trinkwasser auch unnötig teuer. Ein halber Liter Wasser kann im Supermarkt bis zu 1,80 SFr kosten. Aus der Leitung kostet er weniger als einen Rappen (Beverage Marketing 2007:26).

Wasserhähnen und Duschbrausen befestigt werden. Die Räumlichkeiten können unter Mithilfe von Mikrofaserprodukten mehrheitlich ohne chemische Zusätze umweltschonend gereinigt werden.

Auf den Kauf energieeffizienter Haushaltgeräte habe ich bereits unter dem Abschnitt *Konsum* hingewiesen. Viel Energie lässt sich bei Elektrogeräten sparen, indem Geräte ausgesteckt werden, wenn sie ausser Gebrauch sind (Schweizer Haushalt- und Bürogeräte verbrauchen mehr Energie im Standbymodus als während der eigentlichen Benutzungsdauer). Weiter ist die Einsparung von Energie durch Sparlampen nicht zu unterschätzen[82]. Einige Haushaltarbeiten, welche von Elektrogeräten übernommen werden, sind auch ohne zusätzlichen Energieverbrauch zu bewältigen. So ersetzt die Trocknung von Textilprodukten an einem einfachen Wäscheständer die Arbeit eines Tumblers. Waschnüsse haben den selben Reinigungseffekt wie synthetisch hergestellte Waschmittel. Werden Kleidungsstücke vor dem Waschen mehrmals getragen und die Waschmaschine gut gefüllt, lässt sich der Energieverbrauch in der Waschküche um einiges reduzieren. Mit dem verwenden von Kurzwaschprogrammen und möglichst niederen Waschtemperaturen fällt die Energiebilanz sogar noch besser aus. Rund um das Thema Kochen lässt sich ebenfalls einiges an Energie einsparen. Wasser sollte immer in einem Wasserkocher vorgekocht werden, bevor es in die Pfanne auf der Herdplatte gegeben wird, da der Wasserkocher um ein vielfaches Energieeffizienter ist als der Herd. Entspricht die Pfannengrösse dem Inhalt (Lebensmittel) und der Herdplattengrösse, sind die Lebensmittel in kürzerer Zeit gar und brauchen daher weniger Strom. Werden beim Kochen Pfannendeckel verwendet, verkürzt sich die Garzeit weiter.

b) **Vermieter** haben die Chance sämtliche bei den Mietern erwähnten Massnahmen bei den Wohnungen, welche sie anbieten, bereits standardmässig umzusetzen. Zusätzlich bestehen weitere Möglichkeiten sehr wirksame Massnahmen zu ergreifen. Die Isolation des Hauses (insbesondere Wände, Dach, Fenster) birgt das grösste Sparpotenzial im Bereich Wohnen. Die Investition zahlt sich bereits kurzfristig durch eine Wertsteigerung der Immobilie aus, mittel- und langfristig macht sich die Senkung der Heizkosten positiv bemerkbar. Neben dem traditionellen Boiler gibt es solare Wasserheizsysteme. Sonnenkollektoren sind ein wichtiger zusätzlicher Stromlieferant. Durch den Bezug von Ökostrom werden umweltverträgliche Energiequellen unterstützt[83].

---

[82] Während der Lebensdauer einer Sparlampe wird der Energiewert entsprechend eines 225 kg Kohlehaufens eingespart (Parfit 2005:44).

[83] Weitere Informationen bezüglich thermischen- und fotovoltaischen Solaranlagen können im Buch *Solarenergie im Haus. Das grosse Praxisbuch* von Hanus und Stempel im Franzis Verlag erschienen, nachgeschlagen werden.

3.3.1.3 Mobilität

a) Kürzere Distanzen sind wenn möglich mit dem Fahrrad oder zu Fuss zurückzulegen. Für weitere Distanzen empfiehlt es sich die *ÖV* (öffentliche Verkehrsmittel) zu benutzen. Gemeindeglieder, welche nicht auf ein Auto angewiesen sind, sollten sich überlegen, ob sie nicht ganz auf ein eigenes Auto verzichten wollen, da dessen Unterhalt wiederum Ressourcen verbraucht. Wer gelegentlich auf ein Auto angewiesen ist, kann sich überlegen, ob er allenfalls sein Auto in einem Carsharing teilen möchte. Neben der Reduzierung der Fixkosten (Strassenverkehrssteuer, Versicherung, etc.) verringert sich in der Regel auch der Autogebrauch, da es nicht jederzeit verfügbar ist und in Absprache mit der anderen Partei geschehen muss. Ein Umstieg auf ein Auto mit alternativen Treibstoffen muss gut überlegt sein. So lohnt es sich beispielsweise nicht, ein Auto anzuschaffen, welches mit Biodiesel oder Ethanol angetrieben wird, da diese, obschon sie weniger CO^2 verursachen, die Umwelt in den Entwicklungs- und Schwellenländern nach wie vor massiv belasten und zudem einen wesentlichen Beitrag zur Welternährungskrise leisten (siehe Absatz 3.1.3).

b) Wer durch seine Wohnlage oder aus beruflichen Gründen auf ein Auto angewiesen ist und täglich fährt, kann mit folgenden Massnahmen, unabhängig davon, ob das Fahrzeug nun mit fossilen oder alternativen Energiequellen angetrieben wird, den Treibstoffverbrauch senken: kleine Fahrzeuge mit möglichst niedrigem Eigengewicht und einem kleinem Hubraum, sollten schweren, leistungsstarken Autos vorgezogen werden, alles zusätzliche und unnötige Gewicht ist aus dem Auto zu entfernen, die Tourenzahl ist während der Fahrt möglichst gering zu halten. Es empfiehlt sich den Motor abzustellen, wenn der Wagen länger als 10 Sekunden still steht. Die Klimaanlage ist möglichst selten zu verwenden.

c) Bei Urlaubsreisen sind Flüge möglichst zu vermeiden. Für Ferien innerhalb Europas bedeutet dies kaum einen Mobilitätsverlust, können doch (fast) alle Destinationen mit dem Zug oder anderen ÖV erreicht werden. Urlaube in Übersee sollten möglichst vermieden werden.

3.3.1.4 Weitere Engagements für Gerechtigkeit und Nachhaltigkeit

Neben den bereits erwähnten Massnahmen, welche jeder selber umsetzen kann, tragen weitere Aktivitäten zu einem gerechteren und nachhaltigeren ökologischen Fussabdruck bei. So haben beispielsweise Familien die Möglichkeit, ihre Kinder zu einem nachhaltigen Lebensstil zu sensibilisieren und zu erziehen[84]. In Abstimmungsvorlagen bestimmen ökologische und ethische Überlegungen

[84] Ferien auf dem Bauernhof können beispielsweise Familien mit Kindern auf eine spielerische Weise helfen, einen Bezug zur Landwirtschaft und der Natur generell zu finden.

die Entscheidungen an der Urne mit. Petitionen zugunsten der Umwelt (wie sie oft von WWF und Greenpeace lanciert werden) werden unterstützt etc. Durch die Auseinandersetzung mit der Thematik können sicherlich noch unzählige weitere Möglichkeiten entdeckt werden, welche eine nachhaltigen Lebensweise fördern[85].

3.3.2 Konsequenzen für die Lokalgemeinde BewegungPlus Interlaken

Während der Recherche zum Abschnitt *Konsequenzen für das einzelne Gemeindeglied* hat mich erstaunt, wie wenig der zusammengetragenen Massnahmen wirklich neu sind. Fast alle Verhaltensweisen bezüglich Konsum- , Wohn- und Mobilitätsverhalten waren mir von früher bekannt, sei es aus der Schule, dem Hauswirtschaftsunterricht oder aus Zeitschriften. Und trotzdem beobachte ich, dass meist nicht ein Bruchteil der allgemein bekannten Massnahmen umgesetzt wird. Hier, denke ich, kann die Lokalgemeinde einen wesentlichen Beitrag leisten, indem sie eine Kultur der Nachhaltigkeit entwickelt. Diese Kultur baut auf den in dieser Arbeit erläuterten biblischen Werten auf und nutzt die Dynamik, welche der Gemeinde als Gemeinschaft innewohnt. Ich erhoffe mir, dass die Gruppendynamik mithelfen kann, Menschen zu motivieren, die ihnen bekannten Massnahmen umzusetzen. Wie kann eine solche Kultur entwickelt werden?

3.3.2.1 Vorbildfunktion der Gemeinde und deren Leitung

a) Als erstes müssen die unter dem Absatz *Konsequenzen für das einzelne Gemeindeglied der BewegungPlus Interlaken* erwähnten Massnahmen im Gemeindeleben umgesetzt werden. Teilweise wird dies mit Fahrgemeinschaften, Direkteinkäufen von Lebensmitteln bei ortsansässigen Landwirten etc. bereits umgesetzt. Eine noch konsequentere Umsetzung ist sicherlich im Bereich der Lebensmitteleinkäufe für Gemeindeanlässe (Apéros, Brunchs, Mitarbeiteressen, etc.), sowie im technischen Bereich (Heiz-, Boiler- und stromtechnische Massnahmen) mit einem vernünftigen Aufwand zu bewerkstelligen. Auf dem Sekretariat kann der Stand-by-Stromverbrauch weitgehend vermieden werden. Für die schriftliche Korrespondenz empfiehlt sich die Verwendung von Umweltpapier.

b) Die Vorbildfunktion ist jedoch wenig glaubwürdig, wenn sich die Aktivitäten auf Gemeindeanlässe beschränken. Die Werte der Nachhaltigkeit müssen unbedingt von den Leitern verkörpert und vorgelebt werden. Die Gemeindeglieder brauchen Vorbilder, welche ihnen einen nachhaltigen Lebensstil auf glaubwürdige Weise vorleben. Glaubwürdigkeit wird erst durch Partizipation entstehen.

---

[85] Viele weiterführende Links finden sich bei Greenpeace unter www.greenpeace.ch/de/ und beim WWF unter www.wwf.ch

3.3.2.2 Kommunikation

a) Damit sich neue Gedanken zu Gewohnheiten und später in einer Gemeindekultur etablieren können, müssen diese immer wieder kommuniziert werden. Ein Bewusstsein, welches den Werten der Nachhaltigkeit einen gleichwertigen Platz neben den üblichen gemeindeinternen ethischen Themen wie z. B. Sexualität, Finanzen etc. zuerkennt, ist dringend.

b) Kommunikationsplattformen, welche in der BewegungPlus Interlaken zu einem Bewusstsein der Nachhaltigkeit beitragen, sind Gottesdienste, PulsPlus-Abende[86], die Gemeindezeitschrift Bewegt[87] und Kleingruppen/Hauszellen.

3.3.2.3 Mögliche Aktionen

a) Nachdem das Bewusstsein für eine Lebensgestaltung der Nachhaltigkeit geweckt worden ist, werden Wege aufgezeigt, wie der ökologische Fussabdruck konkret verkleinert wird. In Seminaren und Workshops werden beispielsweise die unter Absatz *Konsequenzen für das einzelne Gemeindeglied der BewegungPlus Interlaken* aufgeführten Massnahmen vermittelt. In diesen Seminaren dürfen auch sehr gut säkulare Fachleute eingeladen werden, welche der Gemeinde mit ihrem Fachwissen dienen können. Unter Mithilfe der Gemeindeglieder werden Listen regionaler Produkten erstellt.

b) Neben den Seminaren, welche die einzelnen Gemeindeglieder befähigen, ihren Lebenswandel nachhaltiger zu gestalten, führt die Gemeinde auch gemeinsame Aktionen durch. Beispielsweise sind gemeinsame Sparaktionen von Luxusgütern möglich (z. B. Verzicht auf Kaffee, Schokolade während eines Monats) bei welchen der zusätzliche Gewinn zugunsten von Projekten der Entwicklungs- und Schwellenländer eingesetzt werden kann. Neben dem Spareffekt werden die Gemeindeglieder durch solche Aktionen zusätzlich informiert, wie und unter welchen Bedingungen diese Luxusartikel hergestellt werden.

c) Ein interessantes Projekt wäre allenfalls Gemeindeferien, welche unter dem Zeichen der Nachhaltigkeit stehen. Stellen Sie sich ein Programm vor, welches Spass, Andachten, globale Gerechtigkeit und Umweltsensibilisierung miteinander verbindet. Infrastruktur, Essen und Programmgestaltung werden nach den Kriterien der Nachhaltigkeit gewählt und gestaltet. Am Ende der Ferien wird

---

[86] Seminarabende innerhalb der Interlakner Lokalgemeinde der BewegungPlus, welche in der Regel während zwei Abenden stattfinden und jeweils 1½ bis 2 h dauern.

[87] Erscheint alle zwei Monate und umfasst ca. zehn Seiten.

dann der Energieverbrauch konventioneller Ferien mit dem Verbrauch der gerade erlebten Ökoferien verglichen.

d) Wichtig scheint mir, dass die gemeinsamen Aktionen, Seminare und Workshops den Gemeindegliedern Erfolgserlebnisse vermitteln, welche ihnen zeigen, dass sie tatsächlich einen wichtigen Beitrag zur Nachhaltigkeit ihres Lebensstils beitragen.

3.3.3 Konsequenzen für die BewegungPlus als nationale Bewegung

Die nationale Ebene der BewegungPlus prägt die Kultur der lokalen Gemeinden wesentlich mit. Dies hat sich in der Geschichte der Gesamtbewegung mehrmals gezeigt[88]. Auch wenn jedes Engagement in den eigenen Reihen beginnen muss, so haben sich die Aktivitäten der BewegungPlus keinesfalls ausschliesslich auf die Bewegung zu beschränken.

3.3.3.1 Vorbildfunktion für Lokalgemeinden

a) Wie bereits bei den lokalen Gemeindeanlässen können die unter Absatz *Konsequenzen für das einzelne Gemeindeglied der BewegungPlus Interlaken* erwähnten Massnahmen auch auf nationaler Ebene umgesetzt werden. Sei es im Betrieb von Sekretariaten, welche nationale Dienstleistungen wahrnehmen (z. B. Sekretariat BewegungPlus, InstitutPlus, etc.) oder bei der Organisation der nationalen Anlässe und Schulungen.

b) Auch hier wird die Vorbildfunktion der nationalen Bewegung erst glaubwürdig, wenn die nationale Leitung die Werte der Nachhaltigkeit verkörpert und vorlebt.

3.3.3.2 Bewegungsinterne Prägung

Neben der Vorbildfunktion hat die Bewegung ebenfalls einen Einfluss auf die Gemeinden durch die Wahl ihrer Themen an den Theologischen Tagungen[89], den Ministrykonferenzen[90], dem InstitutPlus und der bewegungsinternen Zeitschrift, dem Online-Magazin[91]. Durch das Thematisieren der Nachhaltigkeit an Konferenzen und in der Bewegungszeitschrift wird der Thematik offiziell Gewicht verliehen. In der Ausbildung der Mitarbeiter und Gemeindeleiter können Schlüsselpersonen in den Gemeinden sensibilisiert und zugerüstet werden, um praktische Schritte im Gemeindealltag zu unternehmen.

---

[88] Siehe dazu Rossel 2007:121.

[89] Weiterbildungstagung der Gemeindeleiter und Pastoren der BewegungPlus.

[90] Modulares, bewegungsinternes Mitarbeiter- und Pastorenausbildungsprogramm.

[91] Erscheint zweimonatlich mit einem Umfang von ca. 24 Seiten Umfang.

3.3.3.3 Bewegungsexterne Möglichkeiten

a) Die nationale Bewegung hat neben den gemeindeinternen Möglichkeiten auch das Potenzial ausserhalb der BewegungPlus Einiges zu bewirken. Durch ihre Mitgliedschaft in der SEA hat sie beispielsweise die Möglichkeit, Nachhaltigkeit und globale Gerechtigkeit mit anderen evangelischen Kirchen zu thematisieren. Die BewegungPlus kann allenfalls auch Stellenprozente zugunsten der AKU[92] zu Verfügung stellen.

b) Das Engagement in Projekte von Entwicklungs- und Schwellenländern, welche helfen, Menschen nachhaltige Lebensgrundlagen zu verschaffen (wie es bereits ansatzweise bei Claim geschieht) wird ausgebaut und intensiviert. Neben eigenen Projekten werden auch Organisationen unterstützt, die in Bereichen tätig sind, welche für die BewegungPlus neu sind (z. B. Beratung von Bauern durch Landwirtschaftsberater in Regionen, welche durch einen ökologischen Kollaps besonders bedroht sind).

c) Auch wenn die BewegungPlus (meiner Meinung nach) politisch sehr zurückhaltend ist, heisst das nicht, dass sie apolitisch sein muss. Im Gegenteil: Das kirchliche Engagement zugunsten von Benachteiligten und Rechtlosen wurde in der weltweiten Kirche oft gerade auch politisch geführt[93]. Wo kann die BewegungPlus ihre Stimme als nationale kirchliche Institution im Sinne der Nachhaltigkeit und Gerechtigkeit einsetzen für diejenigen, welche keine Stimme haben?

3.3.4 Nächstenliebe, welche über die Gegenseitigkeit hinausgeht

Wie gestaltet sich Nächstenliebe, welche den Rahmen der Gegenseitigkeit sprengt? Ich muss zugeben, dass mir dieser Abschnitt hinsichtlich der DA am meisten Kopfzerbrechen bereitet hat. Warum? Jede Investition in die Nachhaltigkeit kommt immer auch dem Investor und seinem unmittelbaren Umfeld zugute. Immer ist mittel- oder langfristig in irgendeiner Form (ökologisch und wirtschaftlich) eine Gegenseitigkeit gegeben. Gibt es denn überhaupt Nächstenliebe, die sich in Nachhaltigkeit investieren kann, welche den Rahmen der Gegenseitigkeit sprengt?

a) Unter Absatz 3.3 b) gebe ich als Kriterium der Nächstenliebe, welche über die Gegenseitigkeit hinaus geht, ein Handeln an, welches den Rahmen der Konsequenzen von Absatz 3.3.1 bis 3.3.3 sprengt und nur von einer Minderheit umgesetzt werden wird. Während der Literaturrecherche bin ich auf einen Artikel der BernerZeitung gestossen, in welchem das Lebenswerk von Max Lanz vor-

---

[92] Siehe für die Begriffserklährung von SEA und AKU Seite 3.

[93] Z. B der Einsatz von William Wilberforce zugunsten der Abschaffung der Sklaverei (Galling 2004: 1711).

gestellt wird. Ich möchte hier einen Auszug des Artikels wiedergeben, weil ich in Lanz' Geschichte eine Qualität der Nächstenliebe sehe, die den genannten Kriterien entspricht:

> „... In den Letzten 25 Jahren reiste Max Lanz 44 mal nach Togo. Und er kam nie mit leeren Händen. Meist begab er sich direkt in den Hafen der Hauptstadt Lomé, um den Inhalt eines soeben eingetroffenen Schiffscontainers in Empfang zu nehmen. Mit Lastwagen wurde die kostbare Fracht dann im Land verteilt. 12 Krankenstationen versorgte Lanz über all die Jahre hinweg mit Betten, Röntgenapparaten, Rollstühlen, Operationstischen und kompletten Zahnarztpraxen. In 25 Jahren kamen so über 120 Tonnen Hilfsgüter zusammen. Und 1992 flog die Balair 1,7 Tonnen Medikamente nach Togo. Max Lanz hat sie bei Ciba Geigy in Basel aufgetrieben. Angefangen hat alles mit einer Einladung nach Togo. 1976 war Max Lanz Gast bei seinem Freund Paul Meier in dessen evangelischer Mission. „Er zeigte mir ein Spital in Lomé und ein Blindenheim im Landesinnern." Er sah schnell, dass es hier an allem fehlte. „Max, das ist deine Arbeit hier", habe Paul Meier dann zu ihm gesagt. Zurück in der Schweiz begann Max Lanz auf eigene Faust ein Netz von Beziehungen aufzubauen. Ohne klingende Namen wie Caritas oder Schweizerisches Rotes Kreuz im Hintergrund war dies schwierig. Beim Bund habe es erst im zweiten Anlauf geklappt, erzählt Lanz mit einem verschmitzten Lächeln. „Zuerst haben sie mir gesagt, ich solle mich einer grossen Organisation anschliessen." Er habe dann Dankesbriefe und Fotos aus Togo vorgelegt. „Dann bekam ich etwas mehr als 15'000 Franken ... Max Lanz wollte eigentlich zuerst Koch lernen. Er begann zwar seine Lehre, fand aber nicht die gesuchte Befriedigung. Der Traum, einmal in Afrika helfen zu können, war damals schon präsent. „Nach der abgebrochenen Lehre machte ich dies und das." Unter anderem war er Gefängniswärter auf dem Thorberg. Nach eineinhalb Jahren wurde er aber entlassen. „Lanz, Sie [sic] müssen die Gefangen nicht primär als Menschen, sondern als Gefangene behandeln", sagte ihm sein damaliger Chef. Er überreichte ihm den blauen Brief – Für Max Lanz nichts weiter als eine Bestätigung seiner humanitären Haltung. Max Lanz hat keinen Beruf, aber eine Berufung: Entwicklungshelfer in Togo" (André 2001:25).

In der hier vorliegenden Lebensgeschichte wird das Thema der Selbsteinschränkung bezüglich dem Ressourcenverbrauch kaum angesprochen – höchstens indirekt in der Wieder- und Weiterverwendung von medizinischem Inventar in einem Entwicklungsland. Was hat die Geschichte von Max Lanz für eine Bedeutung hinsichtlich der zu beantwortenden Fragestellung? Lanz investiert in die Menschen eines Landes, welche wie die Bevölkerungen vieler anderer Schwellen- und Entwicklungsländer den ökologischen Preis des übermässigen Ressourcenverbrauches der Industrienationen bezahlen. Eine Ethik der Nächstenliebe, welche den Rahmen der Gegenseitigkeit sprengt, investiert in die Wiederherstellung von Mensch und Schöpfung derjenigen Regionen, welche durch den ökologischen Raubbau der Industrienationen zerstört wurden. Entsprechend dem minimalen Ansatz von Absatz 3.2.1 beinhaltet dies die Wiederherstellung der Lebensgrundlagen (gesundes, funktionierendes Ökosystem) sowie der Schaffung von Möglichkeiten zur Selbstversorgung unter wirtschaftlich fairen und gesundheitlich schonenden Arbeitsbedingungen.

Neben dem Beschaffen von Hilfsgütern werden in Entwicklungs- und Schwellenländern Fachleute mit medizinischem-, landwirtschaftlichem-, sanitarischem-, technischem sowie wirtschaftlichem Know-how benötigt. Viele Menschen brauchen zudem eine Stimme, welche sich für ihre missachteten Rechte einsetzt. Dass ein solcher Einsatz den Rahmen der Gegenseitigkeit sprengen kann, zeigt unter anderem auch die Geschichte des am 24. März 1980 in El Salvador ermordeten Erzbischofs Óscar Arnulfo Romero Galdámez.

Sicherlich ist ein Engagement wie wir es bei Max Lanz sehen, nicht jedermanns Sache. Ein solch hingebungsvoller Einsatz erfordert viel Verzicht – Selbsteinschränkung in einem Ausmass, wie es nicht viele Menschen bereit sind auf sich zu nehmen. Lokalgemeinde und nationale BewegungPlus haben die Möglichkeit Menschen und Projekte zu unterstützen, welche zugunsten der Wiederherstellung und Bewahrung von bedrohten und zerstörten Ökosystemen und dort lebenden Menschen tätig sind.

4 SCHLUSS

4.1 Thesen

Die Thesen beantworten die unter Absatz 1.2.1 formulierten Fragestellungen sowie die unter Absatz 1.3 erläuterten Eingrenzungen. Die am Anfang der Arbeit gestellten Fragen sind:

a) Lässt sich aus dem Doppelgebot der Liebe eine Ethik der Selbsteinschränkung ableiten?

b) Wie gestaltet sich eine allfällige Selbsteinschränkung bezüglich des Ressourcenverbrauches in einer globalisierten Welt?

These I bezieht sich auf Frage a), These II auf Frage b).

THESE I

Aus dem Doppelgebot der Liebe lässt sich eine Ethik der Selbsteinschränkung ableiten. Die Selbsteinschränkung ist negativer Ausdruck einer positiven Praxis.

THESE II

a) Eine auf Gegenseitigkeit beruhende globale Ethik der Selbsteinschränkung gestaltet sich bezüglich dem Ressourcenverbrauch...

...für das **Gemeindeglied** der BewegungPlus Interlaken in der Reduzierung des ökologischen Fussabdruckes und dem Sensibilisieren der Mitmenschen bezüglich eines nachhaltigen Lebensstils.

... für die **Lokalgemeinde** der BewegungPlus Interlaken in einem energieeffizienten und ressourcenschonenden Gemeindebetrieb, einem vorbildlichen ökologischen Verhalten gegenüber den Gemeindegliedern und der Sensibilisierung, Motivierung und Schulung der Gemeindeglieder im Führen eines nachhaltigen Lebensstils.

... für die BewegungPlus als **nationale Bewegung** in einem energieeffizienten und ressourcenschonenden Bewegungsbetrieb, einem vorbildlichen ökologischen Verhalten gegenüber den Gemeinden und der Sensibilisierung, Motivierung und Schulung der Gemeindeleiter und Mitarbeiter hinsichtlich eines nachhaltigen Lebensstils. Weiter kann die nationale Bewegung das Thema der ökologischen Nachhaltigkeit und Gerechtigkeit ausserhalb der BewegungPlus in Kirche und Gesellschaft thematisieren sowie Projekte zugunsten der Entwicklungs- und Schwellenländer unterstützen.

b) Eine globale Ethik der Selbsteinschränkung, welche den Rahmen der Gegenseitigkeit sprengt, findet Ausdruck in Wiederherstellungsbemühungen von Mensch und Schöpfung der-

jenigen Regionen, welche durch den ökologischen Raubbau der Industrienationen zerstört wurden.

4.2 Schlusswort

Ich bin mir bewusst, dass die vorliegende Arbeit für eine DA, welche an einer freikirchlich geprägten theologischen Fakultät eingereicht wird, aufgrund ihrer Thematik Befremden auslösen kann. Dasselbe gilt wahrscheinlich auch für die BewegungPlus, wo diese Arbeit als Ordinationsarbeit eingereicht werden wird.

Der Schutz von Ökosystemen und der Ressourcenverbrauch sind tatsächlich Themen, welche nicht unbedingt zuoberst auf den Traktandenlisten von Lokalgemeinde und nationaler Bewegung rangieren. Trotzdem, oder vielleicht gerade deswegen möchte ich mit der vorliegenden Arbeit einen Impuls in die BewegungPlus zugunsten der ökologischen Nachhaltigkeit geben. Ich hoffe, den Lesern aufgrund des Doppelgebotes der Liebe aufzuzeigen, dass Umweltschutz und Nachhaltigkeit uns sowohl als Christen, aber auch als Bewohner der Verursacherstaaten der ökologischen Krise, zu kümmern hat. Ich bin zudem zutiefst überzeugt, dass ein verantwortungsvoller Umgang mit Schöpfung und Ressourcen einen wichtigen Beitrag zur Glaubwürdigkeit des christlichen Mandates der Nächstenliebe beiträgt.

Während der mehrmonatigen Entstehungszeit der DA wurde mir und meiner Frau Barbara ein gesunder, kräftiger Junge geschenkt – Alec Ian Kurt erblickte am 10. April 2008 das Licht dieser Welt. Ich würde mich freuen, wenn diese Arbeit einen kleinen Beitrag zum Erhalt der Schöpfung beitragen könnte, damit Alec und eines Tages seine Kinder ebenfalls in einer intakten und lebenswerten Schöpfung gross werden dürfen.

5 BIBLIOGRAPHIE

Fieten, Imke 2005. IGW Diplomarbeit. Mit allen Sinnen Gott erleben. Fachmentor Horst Schaffenberg, Dozent am TSC. http://www.igw.edu/

Fragnière, Jean Pierre 2003. *Wie schreibt man eine Abschussarbeit?* Bern: Verlag Haupt.

Burkhardt, Helmut et al. (Hrsg.) 2004. *Das Grosse Bibellexikon.* 1. Sonderausgabe. Wuppertal: R. Brockhaus Verlag.

Burkhardt, Helmut et. al. (Hrsg.) 1992. *Evangelisches Lexikon für Theologie und Gemeinde.* Wuppertal: R. Brockhaus Verlag.

Coenen, Lothar & Haacker, Klaus (Hrsg.) 1997. *Theologisches Begriffslexikon zum Neuen Testament.* Wuppertal: R. Brockhaus.

Lutz, Ulrich 2002. *Das Evangelium nach Matthäus (Mt 18-25).* Bd. I/3. EKK Evangelisch Katholischer Kommentar zum Neuen Testament. Düsseldorf/Zürich: Benzinger Verlag

Lutz, Ulrich 2002. *Das Evangelium nach Matthäus (Mt 1-7).* Bd. I/1 EKK Evangelisch Katholischer Kommentar zum Neuen Testament. Düsseldorf/Zürich: Benzinger Verlag.

Galling, Kurt (Hrsg.) 2004. *Die Religion in Geschichte und Gegenwart. Handwörterbuch für Theologie und Religionswissenschaft.* J.C.B. Mohr (Paul Siebeck).

Niebuhr, Karl-Wilhem (Hrsg.) 2000. *Grundinformation Neues Testament. Eine bibelkundlich-theologische Einführung.* Göttingen: Vandenhoeck & Rupprecht.

Zahn, Theodor (Hrsg.) 1910. Das Evangelium des Matthäus. Bd. 1. *Kommentar zum Neuen Testament.* Leipzig: Deichert'sche Verlagsbuchhandlung Nachf.

Burchhard, Christoph 2007. Christus, "das Ende des Gesetzes, des Dekaloges und des Liebesgebotes?" *ThZ* (63/2) S.171-174.

Fieten, Imke 2005. IGW Diplomarbeit. Mit allen Sinnen Gott erleben. Fachmentor Horst Schaffenberg, Dozent am TSC. http://www.igw.edu/

Klopfenstein, Martin 2006. Institut Plus Skript: Ethik des Alten Testaments, Nov 2006. Schloss Beugen, Deutschland.

Lerch, Achim & Nutzinger, Hans 1998. Nachhaltigkeit: Methodische Probleme der Wirtschaftsethik. *Zeitschrift für evangelische Ethik.* Nr. 42, 208-223.

Mathys, Hans-Peter 1986. *Liebe deinen Nächsten wie dich selbst. Untersuchung zum alttestamentlichen Gebot der Nächstenliebe (Lev 19,18).* Freiburg (Schweiz): Universitätsverlag.

Nissen, Andreas 1974. Gott und der Nächste im antiken Judentum. Untersuchungen zum Doppelgebot der Liebe. Bd. 15. *Wissenschaftliche Untersuchungn zum N.T.* Tübingen: J.C.B. mohr (Paul Siebeck).

Bockmühl, Klaus 1975. *Umweltschutz – Lebenserhaltung. Vom Umgang mit Gottes Schöpfung.* Basel: Brunnen Verlag.

Bockmühl, Klaus 1980. *Das Grösste Gebot.* Theologie und Dienst. Heft 21. Giessen/Basel: Brunnen Verlag.

Boff, Leonardo 1994. *Von der Würde der Erde: Ökologie, Politik, Mystik.* Düsseldorf: Patmos Verlag.

Bonhoeffer, Dietrich. Hrsg. von Ilse Tödt et. al. 2006. *Ethik.* 2. Auflage. Gütersloh: Gütersloher Verlagshaus.

Bultmann, Rudolf 1961. *Theologie des Neuen Testaments.* 4. Auflage. Tübingen: Verlag J.C.B. Mohr (Paul Siebeck).

Byung-Mo, Kim 2002. *Die paulinische Kollekte.* Bd. 38. Texte und Arbeiten zum neutestamentlichen Zeitalter. Tübingen: A. Franke Verlag.

Fritzsche, Hans-Georg 1961. *Evangelische Ethik. Die Gebote Gottes als Grundprinzipien christlichen Handelns.* Berlin: Evangelische Verlagsanstalt

Guttenberg, Gudrun 2007. Kreuz Theologie. *Nächstenliebe.* Stuttgart: Verlag Kreuz GmbH.

Gerster, Richard 2006. Die *Schweiz in der Welt – die Welt in der Schweiz. Ein Arbeitspapier mit Grafiken.* Direktion für Entwicklung und Zusammenarbeit (DEZA). Bern: DEZA.

Honecker, Martin 1990. *Einführung in die Theologische Ethik.* Berlin: de Gruyter.

Hörster, Gerhard 1998. *Bibelkunde und Einleitung zum Neuen Testament.* Wuppertal: R. Brockhaus Verlag.

Huntemann, Georg 1999. *Biblisches Ethos im Zeitalter der Moralrevolution.* 2. Auflage. Neuhausen/Stuttgart: Hänssler Theologie.

Jenni, Ernst 2003. *Lehrbuch der hebräischen Sprache des Alten Testaments.* Neubearbeitung des „Hebräischen Schulbuchs" von Hollenber-Budde. Basel: Schwabe & Co AG.

Johnstone, Patrick 2003. *Gebet für die Welt. Das einzigartige Handbuch: Umfassende Informationen zu über 200 Ländern.* Stuttgart: Hänssler Verlag.

Küng, Hans 2007. *Das Christentum. Wesen und Geschichte.* Sonderausgabe. München: Piper Verlag GmbH.

Létolle, René & Mainguet, Monique 1996. *Der Aralsee: Eine ökologische Katastrophe.* Berlin: Springer Verlag.

Nigg, Walter 1986. *Das Buch der Ketzer.* Zürich: Diogenes Verlag.

Otto, Eckart. 1994. *Theologische Ethik des Alten Testaments.* Theologische Wissenschaft. Bd. 3,2. Stuttgart: W. Kohlhammer Gmbh.

Pöhlmann, Horst Georg & Stern, Marc 2002. *Die Zehn Gebote im jüdisch-christlichen Dialog. Ihr Sinn und ihre Bedeutung heute. Eine kleine Ethik.* Frankfurt am Main: Verlag Otto Lembeck.

Preuss, Horst Dietrich & Berger, Klaus 1986. *Bibelkunde des Alten und Neuen Testaments.* Teil 1 und 2. Wiesbaden. Quelle & Meyer Heidelberg.

Rossel, Andreas 2007. *80 Jahre in Bewegung. Erinnerungen aus der Zukunft. Das Buch zum 80. Geburtstag der BewegungPlus.* Bern: Berchtold Haller Verlag.

Stadelmann, Helge 1996. *Grundlinien eines bibeltreuen Schriftverständnisses.* Wuppertal: Theologische Verlagsgemeinschaft.

Theissen, Gerd & Merz Annette 2001. *Der historische Christus. Ein Lehrbuch.* 3. Auflage. Göttingen: Vandenhoeck & Rupprecht.

Theissen, Gerd 2007. *Erleben und Verhalten der ersten Christen. Eine Psychologie des Urchristentums.* Gütersloh: Gütersloher Verlagshaus.

Tenney, Merill C. 1994. *Die Welt des Neuen Testaments.* 4. Auflage. Marburg an der Lahn: Franke Verlag.

Warnach, Viktor 1951. *Agape. Die Liebe als Grundmotiv der neutestamentlichen Theologie.* Düsseldorf: Patmos Verlagshaus.

Nestle, Eberhard et al.1993. *Nestle-Aland. Novum Testamentum Graece.* 27. rev. Aufl. Stuttgart: Deutsche Bibelstiftung

Die Heilige Schrift. Elberfelder Bibel, revidierte Fassung. 1996. 7. Auflage. Wuppertal: Brockhaus

André, Jörg 2001. Max Lanz. „Einmal nach Togo und zurück". *Berner Oberländer.* Nr unbekannt, 25.

Appenzeller, Tim 2004. Aus der Traum vom Billigen Öl. *National Geographic. Deutsche Ausgabe.* Juni Ausgabe, 55.

Beverage Marketing 2005. Umwelt. Der Griff zur Flasche. *National Geographic. Deutsche Ausgabe.* Juli Ausgabe, 26.

Holthuizen, Anouk 2008. Sammeln ist gut, Vermeiden besser. Abfall. *Konsum Beobachter Kompakt.* Nr. 3, 10 und 11.

Jost, Marc 2008. Die Seelen oder die Umwelt retten? *IdeaSpektrum.* Nr.9, 31.

Kaiser, Christian 2008. „Es droht der ökologische Bankrott". Global Footprint Network. *Konsum Beobachter Kompakt.* Nr. 3, 4-8.

Parfit, Michael 2005. Der sanfte Weg. *National Geographic. Deutsche Ausgabe.* Oktober Ausgabe, 44.

Roth, Hans Peter 2001. Experten über ein knapper werdendes Gut. Tausend Liter Wasser für ein Kilo Brot. *Berner Oberländer.* Nr unbekannt, 8.

Schweizerische Depeschenagentur 2008. Frühlingstagung IWF/Weltbank beendet. Strauss Kahn warnt vor Wucher. *Berner Oberländer*. Nr 086, 4.

Bachmann, Walter 2006. Kassensturz. Sendung vom 29.08.2006. *Schweizer Fernsehen*. Online im Internet: http://www.sf.tv/sf1/kassensturz/sendung/beitrag.php?beitragid=1306 [20. April 2008]

Behrend, Reinhard 2008. Stoppt den Agrarenergie-Wahn! *Rettet den Regenwald*. Online im Internet: http://www.regenwald.org/pdf/Agrarenergie.pdf [2. April 2008]

Fedtke, Gero 2008. Die Auswirkungen der Katastrophe. *Wasser für Kinder des Aralsees e.V.* Online im Internet: http://www.aralsee.org/imprint.htm [1. April 2008]

Franck, Norbert 2008. Wer den Klimawandel verursacht, muss auch für Klimaschäden haften. *Bund für Umwelt und Naturschutz Deutschland*. Online im Internet: http://www.bund.net/bundnet/themen_und_projekte/internationalerumweltschutz/klima/klimapolitik/klimagerechtigkeit/ [2. April 2008]

Jenkins, Philip 2007. Demographische Entwicklung der Christen weltweit: Auswirkungen auf die neue Evangelisierung. *Die Mission der Weltkirche.* Online im Internet: http://dbk.de/die-mission-der-weltkirche/Missionskongress_2006/Jenkins.pdf [4. April.2008]

Perrak 2008. Aralsee. *Wikipedia*. Online im Internet: http://de.wikipedia.org/wiki/Aralsee [1. April 2008]

6 ABBILDUNGSVERZEICHNIS

7 ANHANG

7.1 Auseinandersetzung mit dem textkritischen Apparat

Meine Auseinandersetzung mit dem textkritischen Apparat führe ich im Hinblick auf die Fragestellung der DA. Das heisst konkret, dass ich darauf achte, ob die verschiedenen Textvarianten Auswirkungen auf die Frage nach meinem Nächsten und nach der Liebe haben.

7.1.1 Analyse des textkritischen Apparates

V 37a: ⸀ὁ δὲ ἔφη αὐτῷ⸀· ἀγαπήσεις κύριον τὸν θεόν σου ἐν ὅλῃ °τῇ καρδίᾳ σου καὶ ἐν ὅλῃ °τῇ ψυχῇ σου καὶ ἐν ὅλῃ τῇ ⸀διανοίᾳ σου·

Textvarianten: ⸀ ο δε Ιησους εφη (ειπεν W Θ *f* 700 *pc*) αυ. W Θ 0102. 0161 *f* 𝔐 q sy mae
¦ εφη αυ. I. D lat bo
¦ *txt* ℵ B L 33. 892 *pc* sa bo
° ℵ* B W Γ Δ Θ 0102. 0107. 0161 *f* 579. 700. 1241 *pm*
° B W Γ Δ Θ 0102. 0107. 579. 700 *pm*
⸀ ισχυι c sy
¦ *p)* ισχ. σου και εν ολ. τη δ. Θ 0107 *f* (33) *pc* (sy) bo

Auswertung: Der anstelle von ὁ δὲ ἔφη αὐτῷ (*Er aber sprach zu ihm*) verwendete Anfang ο δε Ιησους εφη (*aber Jesus sprach*) oder εφη αὐτῷ (*Er sprach zu ihm*) verändert an der Aussage des Verses nichts: in beiden zusätzlichen Textvarianten ist aufgrund des Textzusammenhangs klar, dass hier Jesus zu dem Pharisäer spricht. Das Weglassen des Artikels τῇ (*deiner/deinem*) vor καρδίᾳ (*Herzen*) und ψυχῇ (*Seele*) hat ebenfalls keine Auswirkung auf die Aussage des Textes: in beiden Fällen wird dem Betreffenden klar sein, dass *sein* Herz und *seine* Seele gemeint sind, welche zur Gottesliebe gerufen sind. Anstelle von διανοίᾳ (*Denken*) werden in zwei verschieden Textvarianten der Begriff ισχυι (*Kraft/Stärke*) verwendet.

V 38: Kennt laut GNT keine Textvarianten.

V 39: Δευτέρα °δὲ ⸀ὁμοία αὐτῇ⸀· ἀγαπήσεις τὸν πλησίον σου ὡς σεαυτόν.

Textvarianten: ° ℵ* B *pc* sa bo
¦ *txt* ℵ D L W Z Θ 0102. 0107 *f* 33 𝔐 latt sy sa mae bo
⸀ ομ. αὕτη K Γ *f* 565. 892. 1424 *pm* sa mae
¦ ομ. αυτης Δ 0102 *pc*
¦ ομ. ταυτη D Z* *pc* bo
¦ ομοιως B

¦ *txt* L Θ *f* 33. 579. 700. 1241 *pm* (*sine acc.* ℵ W Z 0107)

Auswertung: Hier gibt der kritische Apparat eine Textvariante ohne δὲ (*aber*) wieder. Δὲ fehlt bei den besten alexandrinischen Textzeugen und ist nach EKK eher Zufügung als Auslassung (Luz, z. St. Mt 22,39). Zudem wird anstelle von ὁμοία αὐτῇ (*ihm gleich*) entweder ὁμοία αυτης (*auf dieselbe Art/Weise gleich*), ὁμοία ταυτη (*auf diese Weise gleich*) und ομοιως (*in gleicher Weise, gleichermaßen, ebenso, ebenso auch*). Auch in diesem Fall zielen alle vier Textvarianten in die selbe Richtung: Sie wollen die Ebenbürtigkeit der beiden Gebote ausdrücken.

V 40: ἐν ταύταις ταῖς δυσὶν ἐντολαῖς °ὅλος ὁ νόμος κρέμαται καὶ οἱ προφῆται.

Textvariante: ° ℵ* 1424 sy¨ sa bo

Auswertung: In diesem Vers lässt der Textkritische Apparat ὅλος (*ganze*) weg. Auch ohne Verwendung dieses Adjektives ist aus der vorausgehenden Fragestellung des Pharisäers („Meister, welches ist das wichtigste Gebot im Gesetz ?") ersichtlich, dass hier das ganze mosaische Gesetz miteingeschlossen ist.

7.1.2 Fazit

Der textkritische Apparat verzeichnet in den V 37, 39 und 40 nur geringfügige und in V 38 gar keine Abweichungen gegenüber dem Text des GNT auf. Die Abweichungen haben keinen Einfluss auf den Inhalt und die Bedeutung der Aussagen Jesus. Ich entscheide mich darum für eine Übersetzung unter Ausschluss des textkritischen Apparates.

7.2 Analyse der Schlüsselbegriffe

ἀγαπάω *agapao* ist der Liebesbegriff mit der breitesten Bedeutungsfülle. Er kann Elternliebe und Liebe zu den eigenen Werken, politische Loyalität, eheliche Gemeinschaft, Freundschaft, persönliche Sympathie, dankbare Verehrung und (gelegentlich auch) die helfende Liebe einer Gottheit zu den Menschen und umgekehrt beinhalten (Coenen 2000:1320).

ὅλος *holos* bedeutet soviel wie *ganz*, *vollständig in all seinen Teilen* (:323) und meint in Zusammenhang von Mt 22,37 die totale Hingabe an Gott als das höchste Gebot[94] (:326).

καρδία *kardia* kann *Herz*, *Personenmitte*, *Inneres* sowie *Mageneingang* bedeuten und wird im NT insgesamt 156 mal verwendet. καρδία *kardia* wird als Zentrum der emotionalen Lebensäusserung

94 Mk 12,30 Par.

betrachtet (:948). Bei den Synoptikern ist das Herz der Ort im Menschen, wo die Eindrücke analysiert werden und dann abgeklärt wird, welches Verhalten angemessen erscheint. Innerhalb der Synoptiker hebt besonders Matthäus in Zusammenhang mit καρδία *kardia* den Gesichtspunkt hervor, ob Menschen sich mit reinem Herzen ganz Gott öffnen (5,8) oder sich selbst verschliessen (5,28; 6,21; 13,15 [Jes 6,10 LXX]; 18,35). Dem Herzen werden vorwiegend gedankliche Funktionen zugeschrieben, wie wir sie in unserer Sprache eher mit Kopf und Gehirn verbinden (:952). Die Betonung der Liebe als Erfüllung von Gesetz und Propheten, sowie die ausdrückliche Gleichordnung von Gottes- und Nächstenliebe sind bei Mt einzigartig und heben diesen von den anderen beiden Synoptikern ab. Insofern deckt sich die Verwendung von καρδία *kardia* mit dem Gesamtanliegen des Mt Evangeliums.

ψυχή *psychē* wird mit Seele übersetzt und meint im NT den Menschen in seiner umfassenden Lebendigkeit, in der er sich befindet, die er erhalten oder verlieren, bewahren oder hingeben kann (:1621). ψυχή *psychē* umfasst das ganze natürliche Sein und Leben des Menschen, um das er sich kümmert und sorgt. Die ψυχή *psychē* ist aber auch der Ort wo Gott und Mensch miteinander in Verbindung treten; der Mensch soll sich Gott „in seiner ganzen Seele“ (Mt 22,27 Par. [Zitat Dtn 6,5]; vgl. eph 6,6; Kol 3,23) ergeben (:1622).

διάνοια *diạnoia* bedeutet *Nachdenken*, *Denken*, *Verstand* und/oder *Gesinnung* (:270). So sehr διάνοια *diạnoia* auf das Denken, die Reflexion, die intellektuelle Verantwortung abhebt, so sehr ist zugleich die Offenheit für Gott als Voraussetzung des Verstehens betont, das immer auf ein bewusstes Einverständnis mit dem Willen Gottes zielt (:273).

ἐντολή *entolē* kann je nach Zusammenhang mit *Auftrag*, *Anordnung*, *Anweisung*, *Geheiss*, *Ermahnung*, *Befehl*, *Gebot* oder *Gesetz* gedeutet werden. In Kontext von Mt 22,37 heisst ἐντολή *entolē* Gebot (:620). Im Gegensatz zu ἐντολή *entolē* wird **νόμος** *nọmos* nicht mit Gebot sondern mit Gesetz übersetzt (:628). Bei Jesus steht in den Evangelien in der Regel für den Pentateuch , neben dem meistens die *Propheten* als der zweite umfangreichere Teil der heiligen Schriften genannt werden (Mt, 5,17; 7,12; 11,13; 22,40, Lk 16,169); nur in Lk 24,44 werden die Psalmen als wichtigste Schrift aus dem dritten Teil des hebräischen Kanons hinzugefügt (:632f).

προφήτης *prophētēs* wird mit *Prophet*, *Verkündiger* übersetzt (:1468). Das Mt Evangelium ist die NT Schrift mit der häufigsten Verwendung (37 mal) des Begriffes προφήτης *prophētēs*. In der Kombination „Gesetz und Propheten“ nennt das NT die ihm vorliegenden heiligen Schiften (Mt

5,17; 7,12; 11,13 Par. Lk 16,16; Mt 22,40; etc.). Einige Male steht „die Propheten“ auch für den ganzen alttestamentlichen Kanon (Lk 24,25 vgl. 27; Hebr 1,1).

κρεμάννυμι *kremąnnymi* wird in der ganzen heiligen Schrift gerade 7 mal verwendet (Mt 18,6; 22,40; Lk 23,39; Apg 5,30; 10,39; 28,4; Gal 3,13) und bedeutet wie *aufhängen*, *hangen* oder *zusammengefasst sein in* (:1219ff).

ὅμοιος *hǫmoios* kann vier unterschiedliche Bedeutungen innehaben: a) *gleich*, *gleichartig*, *von gleicher Beschaffenheit*, auf Personen oder Sachen bezogen. Zur Kennzeichnung eines solchen Sachverhaltes erscheint ὅμοιος *hǫmoios* öfters mit ἴσος *ịsos* verbunden, um eine Gleichartigkeit nachdrücklich zu betonen; b) *gesinnungsgleich*, dadurch *gleichwertig*, *mit gleichen Rechten ausgestattet*; c) das allen *gleichmässig Zugeteilte*, das *Gemeinsame* z. B. an Besitz oder an Lebensgeschick; d) in der Geometrie bezeichnet ὅμοιος *hǫmoios* eine Gleichheit im Sinne der Übereinstimmung (:805). In Mt 22,39 wird im Doppelgebot die Nächstenliebe der Gottesliebe als deren notwendige Entsprechung und Abbildung an die Seite gestellt (807).

ὁ πλησίον *ho plēsịon* kommt im NT als Subst. 16 mal vor, davon 12 mal um Zusammenhang des Liebesgebotes. Im profan griechischen Sprachgebrauch bedeutet ὁ πλησίον *ho plēsịon* soviel wie *der Nahestehende*, *Nachbar*, *Nächste* (Homer), *Nächster*, *Mitmensch* (Philo)oder auch *der Andere* (:212). In Zusammenhang mit dem Doppelgebot gibt Christus im Gleichnis vom barmherzigen Samariter (Lk 10,(25) 29-35) selber Antwort, wie der Begriff des Nächsten im Kontext des NT zu verstehen ist: ὁ πλησίον *ho plēsịon* wird völlig von der Volks- und Religionszugehörigkeit gelöst und an die Liebesethik gebunden.

7.3 Textfindung

Vers 37

Eigene Übersetzung:

ὁ δὲ ἔφη αὐτῷ· ἀγαπήσεις κύριον τὸν θεόν σου ἐν
Er aber sagte zu ihm: Du sollst lieben (den) Herrn, deinen Gott mit

ὅλῃ τῇ καρδίᾳ σου καὶ ἐν ὅλῃ τῇ ψυχῇ σου καὶ ἐν ὅλῃ τῇ διανοίᾳ σου·
deinem ganzen Herzen und mit deiner ganzen Seele und mit deinem Ganzen denken

Wortbestimmung:

Wort	Bestimmung	Grundf.	Übersetzung
ὁ	Artikel, m, Sg, Nom		er
δὲ	Kon, koordinierend, fortset-	δέ	aber

	zend		
ἔφη	Verb, 3 Pers, Sg, Imperf, Akt, Ind	φημί	sagen, meinen
αὐτῷ	Pron, pers, 3 Pers, m, Sg, Dat	αὐτός	ihm
ἀγαπήσεις	Verb, 2 Pers, Sg, Fut, Akt, Ind	ἀγαπάω	lieben (vor allem christliche Liebe), Liebe erweisen, Zuneigung haben, hochschätzen
κύριον	Nomen, m, Sg, Akk	κύριος	Herr, Besitzer, Gebieter
τὸν	Art, m, Sg, Akk		
θεόν σου	Nomen, m, Sg, Akk	θεός	Gott
ἐν	Präp, Dat	ἐν	mit, in, auf, an, bei, unter, zwischen
ὅλῃ	Adj, f, Sg, Dat, kein Grad	ὅλος	ganz, vollständig, ungeteilt, all
τῇ	Artikel, f, Sg, Dat		
καρδίᾳ	Nomen, f, Sg, Dat	καρδία	Herz (Personenzentrum, Sitz des Verstandes, des Willens, der sittlichen Entscheidungen, der Gefühle);
σου	Perspron 2Sg Gen		deiner
καὶ			und
ψυχῇ	Nomen, f, Sg, Dat	ψυχή	Leben, Sitz des Lebens, Seele, innerstes Sein
διανοίᾳ	Nomen, f, Sg, Dat	διάνοια	Verstand; Denkvermögen; Gesinnung; Absicht, Plan; Gedanke

Vers 38

Eigene Übersetzung:

αὕτη	ἐστὶν	ἡ	μεγάλη	καὶ	πρώτη	ἐντολή.
Dies	ist	das	grosse (grösste)	und	erste	Gebot.

Wortbestimmung:

Wort	Bestimmung	Grundf.	Übersetzung
αὕτη	Pron, demonstr, f, Sg, Nom	οὗτος	
ἐστὶν	Verb, 3 Pers, Sg, Pr, Akt, Ind	εἰμί	sein; dasein; existieren; leben;
ἡ	Artikel, f, Sg, Nom	ἡ	
μεγάλη	Adj, f, Sg, Nom, kein Grad oder ein positiver Grad	μέγας	groß, stark, mächtig (Wind); laut (Stimme); hoch (Fieber); hervorragend, außergewöhnlich; lang, breit

καὶ	Konjunktion, koordinierend, kopulativ		und
πρώτη	Adj, f, Sg, Nom, kein Grad oder ein positiver Grad	πρῶτος	erster; führender, wichtigster, angesehenster; früherer
ἐντολή	Nomen, f, Sg, Nom	ἐντολή	Befehl; Auftrag; Gebot; Gesetz

Vers 39

Eigene Übersetzung:

δευτέρα δὲ ὁμοία αὐτῇ· ἀγαπήσεις τὸν πλησίον σου ὡς σεαυτόν.
(Das) zweite aber (ist) gleich ihm: Du sollst lieben deinen nächsten wie dich selbst.

Wortbestimmung:

Wort	Bestimmung	Grundf.	Übersetzung
δευτέρα	Adj, f, Sg, Nom, kein Grad oder ein positiver Grad	δεύτερος	*der/die/das zweite*
δὲ	Kon, koordinierend, fortsetzend	δέ	aber
ὁμοία	Adj, f, Sg, Nom, kein Grad oder ein positiver Grad	ὅμοιος	*gleich. gleichartig, vergleichbar, ähnlich*
αὐτῇ	Pron, pers, 3 Pers, m, Sg, Dat	αὐτός	ihm
ἀγαπήσεις	Verb, 2 Pers, Sg, Fut, Akt, Ind	ἀγαπάω	*lieben* (vor allem christliche Liebe), *Liebe erweisen,*
τὸν	Art, m, Sg, Akk		
πλησίον	Adv, kein Grad oder ein positiver Grad	πλησίον	*Nächste, Nachbar*
σου	Perspron 2Sg Gen	σύ	deiner
ὡς	Konjunktion, subord, komparativisch	ὡς	wie, so/ebenso wie
σεαυτόν	Pron, reflexiv, 2 Pers, m, Sg, Akk	σεαυτοῦ	*Reflexivpron.* du selbst

Vers 40

Eigene Übersetzung:

ἐν ταύταις ταῖς δυσὶν ἐντολαῖς ὅλος ὁ νόμος κρέμαται καὶ οἱ προφῆται.
An diesen - zwei Geboten das ganze Gesetz hängt und die Propheten

Wortbestimmung :

Wort	Bestimmung	Grundf	Übersetzung
ἐν	Präp, Dat	ἐν	Mit, in, auf, an, bei, unter, zwischen
ταύταις	Pron, adj, demonstrativisch, f,	οὗτος	diesen

	Pl, Dat		
ταῖς	Artikel, f, Pl, Dat		
δυσὶν	Adj, f, Pl, Dat, kein Grad oder ein positiver Grad	δύο	zwei;
ἐντολαῖς	Nomen, f, Pl, Dat	ἐντολή	Befehle; Gebote; Gesetze
ὅλος	Adj, m, Sg, Nom, kein Grad oder ein positiver Grad	ὅλος	ganz, vollständig, ungeteilt
ὁ	Artikel, m, Sg, Nom		das
νόμος	Nomen, m, Sg, Nom	νόμος	Gesetz (in der Regel das mosaische Gesetz)
κρέμαται	Verb, 3 Pers, Sg, Pr, Pas, Ind	κρεμάννυμι	hängen; abhängig sein von, zusammengefasst sein in
καὶ	Konjunktion, koordinierend, kopulativ		und
οἱ	Artikel, m, Pl, Nom		die
προφῆται	Nomen, m, Pl, Nom	προφήτης	Prophet; die Bücher der Propheten

7.4 Historischer Hintergrund des Mt Evangeliums

Verfasser: Die Zuschreibung an Mattäus ist recht alt, mit grosser Wahrscheinlichkeit aber älter als 100 n.Chr. (Luz I/1 2005:104). Die Autorenschaft von Matthäus ist somit nicht erwiesen. Sicher hingegen ist, dass der Verfasser über ein jüdisch geformtes Stilgefühl, ein gutes griechisches Sprachgefühl und über eine Synagogenbildung verfügte[95].

Abfassungsort: Die spärlichen Indizien innerhalb des Mt Evangeliums geben dessen Entstehungsort nicht preis. Es lassen sich nur einige wenige Hinweise finden, welche auf einen syrischen Hintergrund des Autors deuten[96]. Die schnelle Ausbreitung des Mt Evangeliums lässt zudem schliessen, dass es in einer grösseren Stadt mit guten Verkehrswegen niedergeschrieben wurde. Somit wären die Kriterien des Abfassungsortes auf eine grössere syrische Stadt, deren Hauptsprache griechisch ist, eingegrenzt. Eine antiochenische Gemeinde als Entstehungsort kann daher durchaus möglich sein (:102). Diese Meinung wird auch von Hörster vertreten (1998:71).

[95] Was nicht bedeutet, dass er ein Schriftgelehrter im Sinne der rabbinischen Tradition war (Luz I/1 2005:105). Die starken antirabbinischen Aussagen, welche in keinem der anderen synoptischen Evangelien im selben Mass zum Ausdruck kommen, sprechen ebenfalls gegen eine solche Annahme (Pöhlmann, Stern 2002: 104.105).

[96] Ναζωραῖος (Mt 2,23) ist eine syrische Christenbezeichnung. In Mt 4,24 wird Syrien erwähnt. Die Syrophönizerin aus Mk 7,26 ist bei Mt 15,22 eine phönizische Selbstbezeichnung in deren eigenen semitischen Sprache (Luz I/1 2005:102).

Abfassungszeit: Auch hier gibt es die unterschiedlichsten Ansätze, welche von 40 n.Chr. bis ins 1. Jh. n.Chr. datieren[97]. Die meisten Datierungsversuche bewegen sich zwischen 70 und 95 n.Chr. Gemäss Luz ist es möglich, dass das Evangelium vor 100 n.Chr. in Rom und etwas später in Ägypten bekannt war. Auffallig sind die überaus häufigen Berührungen des 1. Petrusbriefes mit den synoptischen Evangelien[98]. Die engen Parallelen setzten daher für die Existenz des Petrusbriefes das Matthäusevangelium voraus. Luz ist deshalb der Meinung, dass der Petrusbrief aus der Zeit vor dem Höhepunkt der domitianischen Verfolgung aus Syrien stammt, und somit erstes und frühestes Zeugnis für eine Benutzung des Mt Evangeliums ist (Luz I/1 2005:104). Es ist daher wahrscheinlich, dass das Mt Evangelium kurz nach dem Jahre 80 n.Chr. entstanden ist. Theologen, welche vom Apostel Matthäus als Verfasser ausgehen, datieren die Abfassungszeit des Evangeliums zwischen 40 und 66 n. Chr.[99]

Die Datierungsversuche zwischen 40 und 80 n.Chr. weisen alle einleuchtende Argumente auf, weshalb für mich eine Abfassungszeit in jener Zeitspanne wahrscheinlich ist.

Umstände: Aus dem Inhalt des Evangeliums können folgende mögliche Umstände abgeleitet werden: Die Gemeinde realisiert das Nein der grossen Mehrheit Israels zu Jesus und versucht dieses Nein in einer Standortbestimmung zu verarbeiten (Luz I/1 2005:98). Das Mt Evangelium scheint daher an einem Wendepunkt der Gemeinde entstanden zu sein (:91). Ebenfalls scheint die Gemeinde im Zusammenhang mit Pneumatikern Falschprophetie ausgesetzt zu sein (:100).

Empfänger: Mit grosser Wahrscheinlichkeit sind die Empfänger des Mt Evangeliums eine judenchristliche Gemeinde. Dafür sprechen verschiedene Gründe: *a)* der Aufbau des Evangeliums zeigt, dass der Evangelist von jüdischer Literatur geprägt ist (:85), was auch für die Empfänger vorausgesetzt werden kann (Hörster 1998:74), *b)* die matthäische Theologie und deren Gesetzesverständnis, sowie deren Berufung auf das AT weisen auf einen judenchristlichen Verfasser (Luz I/1 2005:87) und *c)* das Mt Evangelium hat eine besondere Nachgeschichte und Bedeutung in judenchristlichen Kreisen gehabt (ebenda.)

---

[97] Frühdatierung: z. B. John Wenham in *Redating Matthew. Mark & Luke. A fresh assault on the Synoptic Problem.* London (1991) oder Frédéric Godet in *Einleitung in das Neue Testament.* Bd. I. Hannover (1895). Spätdatierung: z. B. C. P. Thiede in *Papyrus Magdalen Greek 17* (Gregory-Aland p64) ZPE 105 (1995).

[98] Insbesondere folgende Stellen des 1. Petrusbriefes: 2,12 = Mt 5,16 und 3,14 = Mt 5,10 (Luz I/1 2005:103).

[99] Siehe dazu die Argumentation von Hörster 1998:69.

Absicht: Luz leitet vom Inhalt des Mt Evangeliums ab, dass es eines der wichtigsten Bedürfnisse des Autors ist, das Anliegen der Heidenmission in seiner Gemeinde zu vertreten (:91)[100]. Das Mt Evangelium ist auch eine Antwort auf das Nein der grossen Mehrheit Israels zu Jesus. Es ist der Versuch, dieses Nein in einer grundsätzlichen Standortbestimmung zu verarbeiten und damit zur Identitätsbildung und Identitätswahrung der Gemeinde beizutragen (98). Ebenso scheint der Autor mit dem Kleinglauben der Gemeinde zu kämpfen. Er ruft die Adressaten immer wieder neu zum Handeln auf und ermahnt sie zu Treue und mutiger Glaubenspraxis (:99). Jesus wird als der Christus dargestellt, welcher durch sein Verhalten die Thora erfüllt, vor allem gilt seine Lehre als Erfüllung, das heisst als die authentische Auslegung der Thora (Theissen 2001:47).

7.5 Abkürzungen

7.5.1 Biblische Abkürzungen

V	Vers
Par.	Parallelstellen
AT	Altes Testament
1Chr	1. Chronik
2Chr	2. Chronik
1Kön	1. Könige
2Kön	2. Könige
1Sam	1. Samuel
2Sam	2. Samuel
Am	Amos
Ex	Exodus
1Joh	1. Johannes
1Kor	1. Korinther
2Kor	2. Korinther
1Petr	1. Petrus
1Thess	1. Thessalonicher
2Thess	2. Thessalonicher
Apg	Apostelgeschichte
Eph	Epheser

Kp	Kapitel
Dtn	Deuteronomium
Jer	Jeremia
Jes	Jesaja
Jos	Josua
Num	Numeri
Ps	Psalm
Ri	Richter
Spr	Sprüche
Weish	Weisheit
Gen	Genesis
Jak	Jakobus
Joh	Johannes
Kol	Kolosser
Lk	Lukas
Mk	Markus
Mt	Matthäus
Offb	Offenbarung
Phil	Philipper

[100] So auch Niebuhr 2000:134.

Gal	Galater
Heb	Hebräer
hebr.	hebräisch

Röm	Römer
NT	Neues Testament

7.5.2 Grammatikalische Abkürzungen

1Sg	1. Person Singular
1Pl	1. Person Plural
Adv	Adverb
Akk	Akkusativ
Akt	Aktiv
Aor	Aorist
atl.-jüd	Alttestamentlich-jüdisch
Dat	Dativ
Ind	Indikativ
Fut	Futur
Gen	Genitiv
Subst.	Substantiv

Imp	Imperativ
Kon	Konjunktiv
m	Maskulin
Nom	Nominativ
Part	Partizip
Pas	Passiv
Perspron	Personalpronomen
Pl	Plural
Pr	Präsens
Präp	Präposition
Sg	Singular
Vok	Vokativ

Printed by Books on Demand GmbH, Norderstedt / Germany